新雅
名人館

···千古一帝···

秦始皇

編著 饒遠

新雅文化事業有限公司
www.sunya.com.hk

新雅 • 名人館

千古一帝 **秦始皇**

編　　著：饒遠
內文插圖：黃穗中
封面繪圖：李祥　李成宇
策　　劃：甄艷慈
責任編輯：周詩韵
美術設計：何宙樺
出　　版：新雅文化事業有限公司
　　　　　香港英皇道499號北角工業大廈18樓
　　　　　電話：（852）2138 7998
　　　　　傳真：（852）2597 4003
　　　　　網址：http://www.sunya.com.hk
　　　　　電郵：marketing@sunya.com.hk
發　　行：香港聯合書刊物流有限公司
　　　　　香港荃灣德士古道220-248號荃灣工業中心16樓
　　　　　電話：（852）2150 2100
　　　　　傳真：（852）2407 3062
　　　　　電郵：info@suplogistics.com.hk
印　　刷：中華商務彩色印刷有限公司
　　　　　香港新界大埔汀麗路 36 號
版　　次：二〇一六年七月二版
　　　　　二〇二四年一月第二次印刷

ISBN: 978-962-08-6590-9

前言

　　兩千三百年前，中國處於戰火連年不斷的戰國時代。誰也想不到，一個本來是秦國人，卻出生在趙國，從小就過着受屈辱生活的小孩，日後竟能成為一位對中國統一有着莫大貢獻的君主。

　　這個小孩名叫「嬴政」，他十三歲即位為秦王。直至廿二歲行了冠禮後，才正式親自管理政事。登位後，他首先剷除異己，把大權集中在自己手中。然後，又花了十年時間，相繼把六國消滅，完成統一中國的大業，自稱為「始皇帝」，成為中國第一位皇帝。

　　秦始皇即位不久，即頒布了一系列的新制，以重新整頓國家。他下令取消分封制，建立郡縣制，以求有系統地管治天下人民。

　　此外，秦始皇亦致力發展封建經濟，下令修築馳道、疏通水道、大興水利工程等。為抵禦匈奴，秦始皇又下令修築長城，保衞北方邊疆。

　　在位期間，他曾把十二萬戶各國富豪遷到咸陽，以方便朝廷控制，促進經濟發展。

　　秦始皇還在全國統一了度量衡、貨幣、田畝，並規定「車同軌」，改善全國秩序。

此外，秦始皇亦頒布了幾項文化措施，如：統一文字、焚燬詩書、禁止私學等。

　　為顯示王威，宣揚功德，秦始皇曾經進行五次大規模的巡視活動，而他就在最後一次出巡時，因重病去世了。

　　無可否認，秦始皇對中國統一有着深遠而莫大的貢獻，他亦曾經定下很多有利國家的措施。但根據歷史記載，秦始皇亦是一位殘暴的帝王。為防止人民叛變，他不惜焚書坑儒、採用嚴刑峻法。為滿足其好大喜功的心理，他又徵丁苦役，進行多項大型工程，令人民生活苦不堪言。

　　秦始皇曾夢想他的基業能千世萬代地傳下去，可是最終卻因他的子孫荒淫無道，和奸臣逆賊陰謀作亂而破滅。

　　審視秦始皇的一生，你也許會從中獲得有益的啟示。

目錄

一 小嬴政返秦繼位

一支龐大的秦國車隊，正在趙國的國都邯鄲城裏，浩浩蕩蕩地穿過大街。大街兩旁站滿了看熱鬧的趙國人，其中一個瘦高個兒怒視着車隊忿忿地説：

「為什麼秦國的車隊會在我們趙國耀武揚威呢？」

一個肥胖子説：「聽説是秦孝文王的公子子楚，派人來接他的妻子趙姬和兩個孩子回秦國去了。」

接着，一個矮個子插嘴問：「子楚就是那個叫異人的秦國人質①吧，怎麼讓他溜回秦國去了呢？」

肥胖子答：「現在秦國越來越強大，我們趙王也不敢再惹怒秦國了。」

瘦子聽了，便滿腔憤恨地説：「秦國那個白起將軍率領幾十萬軍隊，捉了我們四十萬戰俘，弄得我們趙國一片哀傷，多少家庭一夜之間變成了孤兒寡婦！這國恨家仇何時才能報？」

---

① 人質：被敵方拘留的人。敵方以此人來迫使對方履行諾言，或接受某些條件。

原來這時正值**戰國**末年，經過百多年的戰爭後，「戰國七雄」中的楚、韓、魏、趙、燕、齊六國都已漸漸衰落，剩下來的秦國才是真正的「雄者」。

坐在秦國車隊上的趙政（亦即嬴政）和他的弟弟成蛟，終於結束了在趙國的屈辱生活，可以與媽媽一起返回秦國，回到父親的身邊了。

趙政的父親異人在十六歲時，就被父親安國君送到趙國做人質，他在那裏過了八年顛沛流離的生活。在那期間，他與趙姬結婚，趙姬為他誕下趙政和成蛟。

趙姬原來是個妓女，趙國大商人**呂不韋**見她長得漂亮，便與她相好。

後來，呂不韋知道異人做人質的處境，並考慮到他是安國君（即後來秦孝文王）的公子，他說：「如果我能協助異人當上秦王，這可能會為我帶來不少利益呢！」於是，呂不韋設法巴結異人，並把趙姬介紹給他。不過，異人和趙姬生下趙政之後，呂不韋一直認為趙政是他的

兒子。

後來，呂不韋協助異人秘密離開了邯鄲城，一起逃回秦國。在呂不韋的周密安排下，異人成了安國君的正室夫人的兒子，華陽夫人把他改名為「子楚」。而趙政和成蛟則跟着母親仍然留在趙都邯鄲，過着屈辱的生活。趙姬對孩子説：「為了避開周圍的耳目，你們不能姓秦國的宗室之姓——嬴，只好姓趙了。」

現在，趙姬和兩個兒子終於可以離開這個傷心的地方了。趙政的心情無比激動，他不時從車窗往外看，只見不少趙國人在瞪着怒眼指指點點，有些還衝着他們吐口水。趙政咬牙切齒地説：「等我做了秦王，我一定要回來，殺死你們這些趙國人！」

趙政的曾祖父是曾經稱霸一時的秦昭襄王，他於秦昭襄王56年（公元前251年）去世，後來太子安國君即位，是為秦孝文王。可是，他當了一個月君主之後便病逝了。於是，太子子楚繼位，是為秦莊襄王。趙姬被立為皇后；呂不韋被封為相國；長子趙政歸宗認祖，改名為嬴政，立為太子。

秦莊襄王登位後，他非常感激呂不韋曾經大力幫助他，所以將朝政大權都交給他。可是，當了秦國相國的呂不韋並不滿足，他企圖擴張霸業，希望能征服天下。

呂不韋徵得秦莊襄王的同意，親自統率大軍，首先消滅了東周國。第二年，秦國名將蒙驁率領秦軍討伐趙國，得到空前成功。接着他又率兵攻打魏國，可是，這次他們受到楚、燕、趙、韓、魏五國聯軍抗擊，秦軍遭到慘敗。秦莊襄王氣得一病不起，身體狀況一日不如一日。

相反，呂不韋卻在暗暗高興，他心想：「如果秦莊襄王一死，年紀還小的嬴政便會繼承王位了，那時，我就可以乘機獨攬秦國大權。」

秦莊襄王快要病逝的時候，他把趙姬、太子政、相國呂不韋以及一些宗室重臣召到牀前，他說：「嬴政，從此以後，你就拜呂不韋為『**仲父**①』，讓他來輔佐你處理一切事務吧！」然後，他向趙姬和嬴政交代了幾句，便永遠合上眼睛了。

秦莊襄王3年（公元前246年），只有十三歲的嬴政當了秦王，他尊母親趙姬為太后，稱相國呂不韋為仲父。由於嬴政年幼，國家大事都由趙姬和呂不韋兩人決定。

後來，呂不韋解除了五國對秦國的威脅後，把精力

---

① **仲父**：仲，在兄弟排行裏代表第二。仲父，猶如第二個父親。

都集中在年幼的秦王政身上。每當秦王政上朝時，呂不韋都坐在他的身邊，教他怎樣處理朝政。秦王政特別好學聰明，他觀察力很強，聞一知十，他正暗暗地留意着呂不韋的一舉一動。

想一想

1. 為什麼秦始皇的父親會被送到趙國當人質？
2. 秦始皇的童年生活是怎樣的？

二 初嘗勝利滋味

秦王政雖然年輕，但他對國家大事漸漸有自己的一套看法，而呂不韋卻像一座大山橫在他的面前，左右他處理政事。那時，秦始皇才十六歲，還沒有到**親政**[①]的年齡，他不能與呂不韋相對抗。否則，呂不韋便會乘機把他推翻，自己登上王位，那麼情況就更糟了。秦王政說：「我多麼希望自己快快長大到廿二歲，那時就可以行**冠禮**，親自掌管朝政了。」

冠禮：
古代男子一般在二十歲舉行冠禮，表示已成年。而國君多在廿二歲時舉行這儀式。

另一方面，呂不韋也越來越專橫，不斷擴張自己的勢力，單是擁有的**門客**[②]就有三千多人。他又把親信安插在許多重要部門，監視宮中的一切。事實上，呂不韋能夠在宮中任意妄為，全因為他與趙姬早有私情。

隨着秦王政一天一天長大，他再不是那個不懂世事

---

① **親政**：即親自處理政事。
② **門客**：指封建官僚貴族家裏養的幫閒，他們專幫助主人辦事。

的小孩子了，呂不韋恐怕秦王政總有一天會知道他與太后的事，便找來了一個叫嫪毐的人去頂替他服侍趙姬，以便脫身。

從此，嫪毐整天與趙姬在高泉宮尋歡作樂。秦王政對這一切並不知情。他說：「為了趕走呂不韋，我必須在朝廷中培養自己的一批親信。」其實，秦王政一直都想與外面的大臣聯繫，可是，他身邊卻滿布呂不韋的耳目，所以，他決定從內宮地位低下的**廝役**①中着手。

在秦王政網羅的親信中，其中有一個人名叫趙高。趙高從小在隱官中長大，後來到宮中做了內宮廝役。秦王政見他性格倔強，辦事穩妥，又懂刑獄的事，便把他收留在身邊。

一天，秦王政對趙高說：「秘密召見左相昌平君來！」昌平君原是楚

知識門

隱官：
秦國專門收容受過刑罰，後因立功被赦免的罪人的機構。這些人的地位比一般百姓的地位還要低。

國的公子，他投奔到秦國後晉升為左相。但當時的右相呂不韋壟斷了一切權力，使昌平君只是掛個虛名而沒有實權。秦王政秘密會見昌平君，就是要他聯絡忠於自己的人，壯大實力，以便除掉呂不韋。

---

① **廝役**：指男性僕人。

然而，這計謀其實已被呂不韋識破。

正當秦王政密鑼緊鼓籌劃與呂不韋抗衡的時候，與五國打仗的主帥蒙驁在前線病危的消息傳到宮中，秦王政決定親自去探病，**犒賞**①秦軍官兵，並藉此顯示王威。他挑選了一個精通兵法，又有實戰經驗的主將王翦隨軍前往。

當一切都準備就緒，秦王政便率領着十萬大軍浩浩蕩蕩直奔前線。經過十天行軍，他們終於來到秦軍與魏軍交戰的地方。在探望蒙驁後，秦王政頭戴金盔，身披金甲，擂着戰鼓，指揮着秦軍向魏軍大舉進攻。秦王政騎着戰馬，裝上弩箭，瞄準站在慶城城牆上的魏將，「嗖」的一聲，扳動機鈕，傳來了一聲慘叫後，只見一個魏將從城牆上倒下來了，場面變得一片混亂。這時，秦軍乘機衝開城門攻了進去。秦王政第一次指揮作戰，便取得勝利，他的威名立即震驚了各國諸侯。

初次出征的勝利，讓秦王政嘗到了征服天下的滋味。他感到無比興奮

知識門

諸侯：

周代帝王分封的各國國君，統稱「諸侯」。春秋戰國時代，諸侯逐漸脫離周天子的控制，形成大國爭霸、諸侯割據的局面。

---

① **犒賞**：以酒食等慰勞，並進行賞賜。

的同時，也強烈地意識到，掌握秦國大權的最終目標就是要執掌整個天下的權柄。他說：「為了達到這個偉大目標，我必須先除掉老是箝制着我的呂不韋！」

在秦王政及其親信的多番努力和安排下，秦國軍隊已完全掌握在秦王政手中，**祈年宮**[①]的內侍也已由他來控制。趙高把軍中抽調來的五百個勇士散布在秦都咸陽城的王宮附近，隨時準備支援王宮。現在，趙高已成了秦王政的心腹，秦王政趁機會任趙高為**中常侍**兼祈年宮總管，並與他一起商量許多對付呂不韋的策略。

知識門

中常侍：
官名。負責宮殿內部事務，是皇帝近侍之臣。待一切都籌劃妥當之後，秦王政便等待時機的來臨。

秦王政8年（公元前238年），秦王政的弟弟長安君成蛟領兵征戰趙國。當大軍到達屯留時，他突然宣布起兵討伐呂不韋，茅頭直指向咸陽城。其實，成蛟一直以來對呂不韋獨攬大權十分反感，對秦王政也有成見。後來，他得到同父異母的兄長子溪的縱容和秘密支持，一心想自己來當王。

長安君把討伐逆賊的**檄文**[②]貼到咸陽城裏，文章中除

[①] **祈年宮**：秦始皇上朝及召集親信重臣議事的地方。

[②] **檄文**：古代用於曉喻、紀召、聲討等的文書，特指聲討敵人或叛逆者的文書。

了聲討呂不韋專權獨斷、結黨營私外，還說秦王政是呂不韋的私生子，不是嬴氏宗親，沒有繼承王位的資格，他說自己起兵的目的是要撥亂反正，維護正統。

秦王政聽了這個消息，氣得全身發抖。但他隨即抑制住怒氣，命令趙高傳令大臣們都集中到咸陽宮大殿來議事。他滿懷信心地說：「我要親自處理這件事，讓呂不韋和大臣們看看我的厲害！」當所有大臣齊集在咸陽宮大殿後，秦王政威嚴地對他們說：「長安君這次謀反，寡人非常痛心。他是我的同母兄弟，實在有負**寡人**[①]和太后對他的厚愛。對於這件事，一定要嚴厲懲罰！**眾卿**[②]有什麼處置辦法上奏？」

呂不韋率領一班心腹大臣極力主戰，建議把長安君成蛟殺死。

秦王政笑了笑說：「這種小事，寡人已有對策，仲父請放心。」

接着，秦王政面向羣臣，下命令：「蒙武將軍，你率領兵馬十萬，立即趕到屯留去平定叛亂。」秦王政又先後命令王翦、桓齮、楊端和幾位將軍進行戰鬥部署。秦王政不動聲色地把將軍們的大權都掌握在自己手中，

---

① **寡人**：古代君主自稱。
② **眾卿**：古代君王稱臣時叫「卿」。眾卿，即各位大臣。

把負責掌管武事、親近呂不韋的國尉擱在一旁。秦王政布置完畢，也不給呂不韋發言的機會，就宣布「退朝」。呂不韋和大臣們感到非常驚愕，他們眼睜睜地望着秦王政堅毅的背影向遠處走去。

大臣們還是第一次看到這樣的場面，他們一下子明白到，秦王政與呂不韋的權力之爭從此公開化了。

一天，秦王政率領他的**虎賁軍**車隊，風馳電掣地從咸陽城經過，城中的官員和百姓都感到非常驚奇。虎賁軍是專門為秦王護駕的秦軍精英，他們為什麼會在這裏出現呢？車隊飛快地奔馳到子溪府，把那裏團團圍住。子溪大驚失色，立刻吩咐兒子卓：「你快快從密道出去，趕到田莊。爹的希望都寄託在你身上了。」

不久，趙高領着幾個人來到子溪府的後院，那裏已是一片混亂了。

秦王政走到子溪面前，問：「老賊，你的兒子呢？」

子溪盯着秦王政，冷笑了幾聲，罵道：「你，你這個呂不韋的……孽……子！」

17

　　秦王政沒等他說完，便拔出佩劍，刺向他的胸膛，並下令把他的家人和奴僕全部殺掉。

　　接着，秦王政帶着虎賁軍直奔子溪的莊園，與公子卓的黑衣死士展開了一場激烈的戰鬥。黑衣死士依仗着人多勢眾，與虎賁軍鬥得天昏地暗。秦王政的處境非常危急。忽然，滿山遍野傳來了喊殺的聲音，把秦王政嚇得呆在馬背上，他見軍中一面「秦」字旗，才知道是救兵來到。原來那人正是呂不韋，他帶着五千咸陽守軍前來助戰，他預先在周圍埋伏，等到秦王政危急的時候，才跑出來相救。他的用意是要教訓秦王政，並向他暗示：「沒有我在旁，你行嗎？」

　　黑衣死士見秦軍從四面八方湧來，便立刻抱頭跑掉，而公子卓則慌忙驅車向莊園逃跑。這時候，秦王政叫隨從拿來**穿雲金弩**，向公子卓的車子射去，一下子車仰馬翻，秦軍抓緊機會上前把車子包圍。秦王政命令：「殺！給寡人殺個片甲不留！」

　　秦王政又命令桓齮和蒙武兩面夾擊叛軍，叛軍被打得七零八落，只得紛紛逃到其他諸侯國家去。

　　成蛟見形勢急轉直下，便在軍營裏自殺身亡。

> **知識門**
>
> **穿雲金弩：**
> 是巧匠特為秦始皇造的弓箭。弩身二尺多長，用精心選製的野牛筋作弦，彈力極強，能射四百丈遠。

趙姬和秦王政得知成蛟的死訊後，悲痛不已。太后想：「説不定這是呂不韋的陰謀，我要想辦法對付呂不韋，牽制他的勢力才行！」於是，趙姬對嫪毐説：「呂不韋被封為文信侯，我就封你為長信侯。你要為我爭氣，把呂不韋箝制着。」

秦王政對於太后擅自封嫪毐為長信侯，非常不滿，但太后畢竟是自己的母親，他唯有暫時忍耐着。

而嫪毐在太后的支持下，他在朝廷的聲望和勢力一天天增加，隱隱約約有凌駕於相國呂不韋之上的趨勢。嫪毐趁機會在各個部門安插自己的親信，發展自己的勢力，他的領地太原郡甚至被稱為「毐國」，單是他的**家僮**①就已超過三千人，門下的**舍人**②也有一千多。

想一想

1. 秦始皇怎樣借機會顯示王威？結果怎樣？

2. 秦王政的弟弟成蛟為什麼自殺？

---

① **家僮**：古時指未成年的僕人。

② **舍人**：在這裏指王公貴人的侍從賓客、親近左右。

三 加冕親政

秦王政坐在案几前，隨便翻了翻由呂不韋與他人編寫的《呂氏春秋》，本來他對這本書不太有興趣，但偶然看到該書《八覽》內的《不二篇》中提出「主張結束分裂，實現天下統一」的觀點，卻甚為賞識。他想：「現在**周室王朝**已經滅絕，天下一片混亂，正是消滅諸侯，統一王朝的好時機。」

於是，秦王政興奮地邀集了左相昌平君、尚書令馮去疾、諫議大夫王綰及一班武將蒙武、王翦、楊端和、李信等在祈年宮喝酒議事。秦王政頭戴通天冠，身穿黑袍，踏着蒲鞋，走到他們中間，説：「近日朝政局勢有了新的變化，呂不韋再不像從前那樣大權獨攬、為所欲為了。但朝中卻出現了一個叫嫪毒的人，他依仗着太后的支持，大有超過

知識門

《呂氏春秋》：
是呂不韋花了八年時間，組織一班門客編纂的一本百科全書式的叢書。分為《十二紀》、《八覽》、《六論》三個部分，共有二十多萬字。

周室王朝：
西周時期，天子保持「天下宗主」的權威，後來，各諸侯國興盛起來，王室衰弱，各諸侯國互相兼併。到了東周時期，王室更是名存實亡。

呂不韋之勢。」

李信説：「只要大王下令，臣願意率領五千精騎，直搗嫪毐的封地太原郡，活捉嫪毐。」

秦王政笑道：「嫪毐只不過是一個跳樑小丑罷了！」

馮去疾猜出了秦王政的心意，説：「大王是要我們集中目標對付呂不韋？」

秦王政點點頭，説：「正是。我們現在不對付嫪毐，就是要『引蛇出洞』，讓呂不韋忍耐不住從『洞』中走出來。寡人有時想，秦國這樣內耗下去實在不值得。我們應該用秦國的實力掃平六國，一統天下才是。」

軍中老將王翦一向有掃平六國的雄心，他氣昂昂地説：「我王翦誓死追隨大王，協助大王完成統一大業！」

秦王政滿意地笑了笑，最後説：「4月是寡人行冠禮親政的日子，那時候也應該讓一切都作個了斷吧！還望眾卿多多費心。」

大家都明白到了4月之後，就要對付呂不韋和嫪毐了，他們都不由得興奮起來。

秦王政9年（公元前237年），秦王政率領同宗的親

人和大臣浩浩蕩蕩前往**雍地**。

4月己酉日，雍城大廟熱鬧非凡，嬴氏宗親、朝廷重臣都集中在這裏，廟堂的樂曲莊重回響，**洪鐘大呂**震動人心。

秦王政站立在歷代祖先的牌位前，神情非常肅穆。在掌管宗廟禮儀的奉常主持下，秦王政行了叩拜大禮，祭祀列祖列宗。**奉常**為秦王**加冕**①，呂不韋為秦王政佩劍。只見秦王政頭戴通天冠，身穿黑色龍袍，手按太阿之劍，顯得非常威武莊嚴，霸氣十足，羣臣們都不敢仰視。從這一刻開始，秦王政便要親自掌管朝政了！

冠禮完畢，大臣們齊刷刷地跪在地上高呼：「**吾王**②萬歲！萬歲！萬萬歲！」

秦王政居高臨下掃視腳下的羣臣，又瞥了一眼跪在自己身邊的呂不韋，心裏真是興奮極了，他本想仰天大

知識門

雍地：
在今陝西鳳翔縣南。這是秦國最早建都的地方，也是秦國宗廟的所在地，歷代秦王的陵墓都建在這裏。

洪鐘大呂：
洪鐘，即大鐘。大呂，古代樂律名，古樂分十二律，陰陽各一半，六陰皆稱為呂，大呂為第四。

奉常：
官名。掌管王室祭禮及文化教育的事宜。

---

① **加冕**：君主即位時所舉行的儀式，就是把王冠戴在君主頭上。
② **吾王**：吾，「我」或「我們」的意思。吾王，即我們的大王。

笑幾聲，最終還是忍住了。他語調平和地説：「眾卿平身。」

「謝大王！」大臣們齊聲謝道。

就在冠禮進行的同時，嫪毐請來了一班**郎**、**尉**[①]到他金碧輝煌的咸陽嫪毐府中喝酒、聽歌、看舞。當飲至醉醺醺的時候，由於一個小小的郎中不肯喝酒，遭到嫪毐的衛士拳打腳踢。嫪毐指着被打得死去活來的小郎中説：「你這個臭小子，我是大王的**假父**[②]，你竟敢不喝我的敬酒，是不是活得不耐煩了？」

在場的人都被他的話嚇了一跳，心裏在嘀咕：「難道他跟太后有什麼纆轕？」

第二天早上，就有幾個侍郎騎馬飛奔往雍城去，向大王報告昨晚的事了。

嫪毐感到事情不妙，如果秦王政知道他與太后生下了兩個私生子，識破他與一班親信準備叛亂奪權的事，那後果就不堪設想了。於是，他匆忙找了幾個親信商議，他們認為大王如今不在咸陽城，正是動手的好時機。

秦王政聽了幾個侍郎的告密，非常震驚，他面色鐵

[①] **郎**、**尉**：皇帝侍從官的通稱。郎負責掌守宮廷門戶，或為大王準備和駕駛馬車；尉是宮廷衛隊的長官，負責宮廷的巡邏、防衛。

[②] **假父**：認異姓為父，稱為假父，即義父。

青地跌坐在案几旁。他怎麼也想不到母后竟會背着他做出這樣的事,私藏**愛寵**①,還生了兩個私生子!要是這些羞恥的事傳了出去,他如何面對各位大臣和秦國人民呢?

他把趙高叫來,吩咐道:「你去把昌平君和各位大臣請來,注意不要驚動呂不韋。」

「是,大王!」趙高答道。

不久,心腹大臣們都來了,秦王政沒讓大家開口就命令:「寡人已接到密報,嫪毐在咸陽要叛亂謀反。傳寡人旨意給蒙武,要他率領軍隊去搗毀太原郡嫪毐的巢穴。」

昌平君問:「大王,那呂不韋怎樣處置?」

秦王政堅決地說:「把他一併除掉!告訴李信,不許呂不韋與任何人接觸!」

除掉兩個心腹之患的一天終於提前到來了,大家都想不到秦王政會在正式加冕親政的第二天,便開始動手掃除政敵。

這時候,嫪毐和衛尉竭率領一隊衛卒正向着祈年宮飛奔而去,他知道若待秦王政回來,他就只會坐以待

---

① **愛寵**:嬌縱偏愛的人。

斃，於是便決定主動出擊。他逼迫太后趙姬交出了調兵的**玉璽**[①]，又吩咐幾個衛卒好好看管趙姬，便帶着兩個年幼的孩子揚長而去。

嫪毐憑着調兵玉璽調集了幾千兵力，可是，他萬萬也想不到，他們還未走出咸陽城，迎頭就遇上了秦王政的一千虎賁軍。隨即短兵相接，展開了一場激烈的戰鬥，嫪毐的軍隊人數眾多，佔了上風。

秦王政見形勢嚴峻，便對趙高説：「該是時候，讓你密召的勇士露面了。」

趙高命令衛士吹響牛角號，立即便從咸陽城的大街小巷湧出了一批一批的老百姓，他們頭纏黑帶，手握鋼刀，如猛虎下山，打得嫪毐的車隊驚惶失措，四處逃竄。

咸陽城到處是刀光劍影，喊殺聲、慘叫聲不絕於耳。嫪毐的叛軍很快就被秦王政的軍隊打敗了。逃跑的嫪毐和他的親信也於幾日內全部落網。

當秦王政親自審問嫪毐時，才得知原來呂不韋與太后早有私情，他決心要殺掉這些人來洗刷自己的恥辱！

最後，嫪毐在咸陽北市被五馬分屍，車裂處死，並

[①] **玉璽**：君王的玉印。

且被**誅滅九族**。而嫪毐的同黨二十多人則被砍下頭，懸杆示眾。至於嫪毐和太后的兩個私生子則被裝進袋中摔死。

知識門

誅滅九族：
古代君王對犯了重罪的人實行的嚴屬懲罰，即把與該罪人有關的所有宗室親屬全部殺掉。

只有對呂不韋的處置讓秦王政猶豫。秦王政考慮到呂不韋在朝中多年，根深蒂固。如果像對付嫪毐一樣，恐怕不恰當。各地郡守縣令不少都是來自呂不韋的門下，若處理不好的話，這班人會出大亂子的，那時，各國諸侯見大秦朝政變故，便會蠢蠢欲動了。於是，秦王政決定把呂不韋放逐到**封地**①養老，並命令趙高對他加強監視。而太后趙姬也被趕到雍城養老去了。

想一想

1. 秦王政邀集一班大臣武將在祈年宮喝酒，目的是什麼？

2. 你也試過跟秦王政一樣，經過深思熟慮才作決定嗎？經驗是怎樣的？

---

① **封地**：指君主分封給諸侯，諸侯再向下面分封的土地。

四　逐客的決定

　　呂不韋和嫪毐在秦國朝廷上消失之後，昌平君接替了呂不韋的職務，當了右相，成為一人之下、萬人之上的大人物。可是，他竟以首席功臣自居，顯得趾高氣揚。為了打擊異己，發展自己的勢力，昌平君邀集一班大臣開會商量，提出「一切逐客①」的主張，建議把所有外來的大臣逐出秦國。他們知道秦王政很重用蒙武，為了加強說服力，便請蒙武聯名寫奏章②。

　　蒙武看出昌平君的心意，知道他想剷除與他不同意見的人，因此堅決反對。

　　這一天，秦王政坐在祈年宮的內殿裏，靜靜地聽着蒙武和昌平君等人的爭論。

　　經過一番激烈的辯論後，秦王政說：「好了，你們別爭論了。相國，你盡快整理好逐客的名單，然後給寡人過目。蒙武，你留下來，寡人還有話要問你。其他人

---

① **逐客**：即驅逐客卿的意思。客卿是指在本國做官的其他諸侯國的人。
② **奏章**：臣子向帝王呈遞的意見書。

就退下吧！」

昌平君等人心裏十分高興，他們猜測可能秦王政已經同意了他們的逐客請求了。

蒙武對秦始皇的決定很不理解。秦王政看出了蒙武的不安，説：「蒙將軍忠君為國，寡人心中有數。你不像昌平君他們藏有私心，別以為寡人看不出來。你知道寡人一直憂慮呂不韋盤踞在朝中的勢力，寡人希望藉這次逐客的舉動，徹底剷除呂不韋。」

蒙武説：「可是大王這樣做，可能會使秦國留下不能容人的惡名，那些有才華而又高傲的有識之士，將來怎麼敢投奔我們秦國呢？」

秦王政笑了笑，説：「如果真有那樣的人，寡人就親自去請他們，難道還比不上那個逐客令嗎？」

蒙武無話可説了。當他離去後，秦王政還在暗暗得意，他想：「我這樣做，既能驅逐呂不韋的勢力，又能使天下人把矛頭指向昌平君。這個安排實在太好了！」

逐客令頒布之後，咸陽城南朝廷官員的住處一片忙碌，到處車來車往，忙着搬家。離開的人唉聲歎氣，愁眉苦臉；留下的人幸災樂禍，暗自高興。

李斯是逐客名單中的其中一人。李斯原是楚國人，

曾跟隨大學問家荀卿學習帝王之術。學成之後，他不想回楚國効命，眼見秦國強大，便投奔到呂不韋門下當舍人。他憑着自己的才學，很快便得到呂不韋的賞識，被任命為郎，後來又被呂不韋推薦給秦王政，被任命為**長史**。由於出自呂不韋門下，秦王政對他有所顧忌，並沒有重用他。

現在，李斯正指揮着下人搬行李。逐客令一下，他所有的理想和美夢都破滅了。但他不甘心回復普通百姓的生活，當他知道自己也在被逐的名單上時，便連夜執筆上書，寫下《諫逐客書》。然而，**諫書**[①]遞了上去，卻像泥牛入海，沒有一點消息。李斯不得不踏上返回楚國的路。

原來《諫逐客書》已經到了秦王政手中，他讀了一遍，就被它氣勢磅礴的論證，以及嚴密的陳述深深打動了。秦王政反反覆覆地看了好幾遍，越看就越覺得諫書說得有道理。他心裏開始猶豫：「是繼續執行逐客令，

[①] **諫書**：規勸君主，使他改正錯誤的文章。

還是收回逐客令呢？」他拿不定主意，於是便召集各大臣來到祈年宮的內殿中商議。

蒙武接過李斯的《諫逐客書》看了，心情非常激動，李斯所寫的文字，就正是蒙武對秦王政要說的話。李斯開首便說：「聽聞有些大官提出一切逐客，我認為這是錯誤的主張。」接着，他列舉秦國歷史上最有作為的四位君王，他們重用外來的能人使國富民強的事實，如秦穆公重用了外來的五個謀臣，致使秦國擴大了疆域；秦孝公用**商鞅變法**而使秦國富強起來；惠文王用**張儀**的連橫計策，攻破六國的**合縱**，使秦國立於不敗之地；秦昭襄王得到**范雎**的輔佐，使秦國能夠建成帝業，稱霸一方。

蒙武繼續看下去，他發覺李斯用的一系列比喻非常巧妙。李斯舉例說明一些秦王喜歡的東西，例如美玉、明珠、寶劍、駿馬、金石、彩飾和鄭

知識門

商鞅變法：
衛國人公孫鞅應募到秦國，得到秦孝公的信任，把舊法革新，進行改革，取得空前成功，使秦國經濟大大發展，成為七國當中第一強國，史稱商鞅變法。

張儀：
魏國人，他是有名的策士，後來到了秦國做相國，並積極推行「連橫」政策，即連絡其他東面的國家與秦一起攻擊其他弱國。

合縱：
六國聯合起來南北合成一條直線，共同反對西方的秦國。史稱「合縱」。

范雎：
魏國人，戰國時代的策士。

衞之音都不是秦國原來就有的；那麼對於人才，為什麼只要不是秦國人就要被驅逐呢？李斯同時暗指秦王政只看重珠寶玩物，卻不重視人才。

李斯並指出：「建帝業的人必須好好地接納人才。如果不能容納人才，反而把他們送給敵人，就是幫助敵人強大，削弱自己的勢力了。」

蒙武讀到李斯提及逐客將帶給秦國的危害，心裏就更有同感。

待各位大臣都看完《諫逐客書》後，昌平君首先發言反駁李斯，因為李斯曾是呂不韋的門客，他便故意借呂不韋的事激起秦王政對李斯的不滿。而昌文君也支持兄長昌平君的觀點，堅決要逐客。

這時候，蒙武忍不住了，説：「臣認為李斯説的字字懇切，這正是我要説的話。至於相國和昌文君所説的話，我只想問一句，如果我大秦與楚國交戰，那麼相國是否會偏袒楚國呢？」

昌平君兄弟一聽到這話，臉色都大變了。

昌平君怒氣沖沖地質問：「蒙將軍是什麼意思？我們兄弟兩人雖是楚國公子，但來秦國三十多年了，早把自己看作是秦國人，對大秦忠心不二。蒙將軍最好在大王面前給我們一個解釋。」

蒙武連忙說：「既然相國出身客卿，也能為我大秦盡忠盡力，為什麼不能給其他客卿也有這樣的機會呢？」

秦王政怕他們爭論下去會引起將相不和，便說：「好了，三位愛卿不必爭論了。」秦王政望望馮去疾、王綰和桓齮，說：「你們呢，有什麼意見？」

文臣馮去疾、王綰站在蒙武一邊；武將桓齮則支持昌平君兄弟。

秦王政看見形勢是六個人平均分成兩派，便望着趙高，問：「趙高，你的看法如何呢？」

趙高連忙上前一步，躬身行禮說：「小人認為如果不論是非曲直，一律加以驅逐，結果是弊大於利的。李斯這種人才，如果大王不用他，就不能讓他離開秦國。」

秦王政當機立斷說：「好，寡人就發布詔令，撤銷逐客令。縱然天下人可能會責備寡人朝令夕改，但為了統一大業，受點非議也算不了什麼。已經被驅逐的臣子，如果他們願意返回秦國，就由王綰去安排。」

王綰連忙說：「是，大王。」

秦王政又對蒙武說：「蒙武，你就代寡人去迎接李斯回來吧。」

蒙武高興地應道：「是，大王！」

李斯終於被接回來了。這時，蒙武還向秦王政推薦了一個兵法大家——繚，秦王政一直渴望有這方面的人才來輔佐他，他真是欣喜若狂了。但當看見了那個兵法大家後，秦王政卻很不高興。原來他是一個年過半百、滿臉皺紋的老頭，他身材矮瘦，頭髮灰白，一身秦地農夫的打扮，他非常神氣還極傲慢無禮的。只是他那雙眼睛卻非常機靈，彷彿能把人的五臟六腑都看透似的。

秦王政問：「你有什麼統一天下的計策？」

繚不慌不忙地回答：「大王要不惜財物，花金錢去收買各國重要的大臣，離間他們與君王上下的關係，達到破壞六國合縱的目的，然後把各國擊破，便可統一天下了。」

秦王政聽了十分歡喜。第二天早朝時，秦王政連下了三道詔令，令朝中大臣非常震驚。一是任命太傅池子華為左相；二是任命繚為國尉，掌管武事；三是任命李斯為**廷尉**，掌管刑辟。

雖然李斯原來是呂不韋的門

知識門

廷尉（庭尉）：
是最高的司法官，掌管刑獄。

客，但秦王政見他是個可用之才，他又支持自己的統一大業，便決定重用他。秦王政首先讓他去處理呂不韋的

事，以早日解除這個心腹之患。

秦王政11年（公元前235年），秦王政趁趙國出兵攻打燕國的機會，派王翦、桓齮、楊端和各人率領十萬兵馬進攻趙國。這是他期待已久的機會，他一直恨趙國引誘他的弟弟成蛟反叛，現在又收留呂不韋轉移到趙國的產業。這是秦王政親政以來第一次對外用兵，身邊有繚謀劃計策，將軍們又英勇善戰，結果，秦軍接連打了幾次勝仗，大大提高了秦王政的威名。

後來，秦王政接受了李斯「**攘外必先安內**①」的建議，決心要先剷除呂不韋這個隱憂，使國內穩定下來，再向外開戰。他親自寫了一封信，並命令李斯帶給呂不韋。秦王政在信中嚴厲斥責呂不韋，並要他遷到蜀地去受折磨。

呂不韋看信後，知道秦王政對自己的仇恨到了極點，已經一點希望也沒有了，便跟跟蹌蹌地走進內室，拿出一瓶毒酒，一飲而盡，結束了他的一生。

呂不韋死後，秦王政下一步要做的就是掃平六國，統一天下。

---

① **攘外必先安內**：意思就是要抵禦外來的敵人，必須先使國內局勢安定。

想一想

1. 秦王政為什麼執行逐客令？最後又為什麼收回逐客令呢？

2. 你認同「攘外必先安內」嗎？為什麼？

五 韓非入秦

國尉繚在秦國兩年，曾幾次偷偷地逃走，但都不成功。這一次，繚執意要走了。

臨別時，繚對好朋友蒙武語重心長地說：「秦王政是我周遊列國所過到的最多疑善斷的威霸之君，但多疑的人是不講感情的，果斷處事的人一定是獨裁專橫的。大王有足夠的能力掃平天下，但他治理天下就一定會出亂子。蒙將軍忠厚純良，我勸你還是在大王統一天下之後，馬上回家鄉當富家翁吧！現在大王重用的幾個人，李斯才能出眾，但只會逢迎；昌平君心胸狹窄，不能容人；最可怕的是趙高，陰險狡猾，卻又精明能幹，你要特別提防這種人。」

秦王政13年（公元前233年），秦將桓齮攻趙獲大勝。秦王政因此感到非常興奮。

秦王政每天要閱讀用**竹簡**[①]寫成的文書一百二十斤左右。這一天深夜，秦王政處理完朝臣的奏章之後，還不

[①] **竹簡**：供古人在上面寫字的竹片。

覺得疲倦，便翻閱從各國搜集來的典章史集。

秦王政被書簡的內容深深吸引着，為了解開心中的疑惑，他叫趙高傳召李斯前來。

秦王政指着正在看的書簡問趙高，「你知這這些文章是誰寫的嗎？」

李斯看了一會，説：「這是我過去的同學韓非寫的《孤憤》和《五蠹》兩章。」

「韓非是什麼樣的人？」秦王政問。

李斯想了想，説：「韓非是韓國公子，他跟我一起從師於大學問家荀子。他才華傑出，對帝王之術研究最深，連荀子老師也十分欣賞他。可是，他有些口吃，口齒並不伶俐，只會著書立説。」

秦王政聽説韓非有口吃，心中不免有點猶豫，但他需要的是韓非的學問，於是便對李斯説：「你去韓國，務必把韓非請來。寡人希望早日見到他。」

李斯怕韓非來到秦國會跟自己爭高下，但他還是到了韓國，向韓王表達秦王政對韓非的仰慕之情。韓王雖然不願重用韓非，卻又不肯放他走，因為他怕韓非得到秦王政的寵愛後反而會向自己報復。

秦王政得知一向服從的韓王竟敢不遵從他的命令，十分憤怒。他一怒之下，在秦王政14年（公元前232

年），派大軍十萬討伐韓國。

韓王這才慌慌張張地把韓非叫來，請他儘快去秦國，並囑咐他想辦法救韓國。韓非聽了，不禁一陣心酸，自己的才學得不到本國君王的賞識，而別國的君王為了自己卻不惜出兵逼着要人。

韓非身不由己地到了秦國後，秦王政在咸陽宮的大殿中接見他，還請他坐在自己的左邊。秦國的文武百官都十分羨慕，也有一些大臣很不滿，尤其是昌平君，更是妒忌又惱火。他知道韓非説話口吃，便故意在大庭廣眾叫韓非讀文章，讓他出洋相，公開羞辱他。秦王政看在眼裏，心想：「寡人的客人你也敢刁難，你這個昌平君也太狂妄了！」

這時，秦國軍隊繼續向趙國挺進，趙國國都邯鄲幾乎被秦軍包圍了，桓齮的名聲也隨着他的戰績越來越大了。

自從秦王政讀了韓非的文章後，他明白君王要心狠，要比臣子更狡猾，更殘酷無情，否則就無法統治形形色色的臣子了。於是，他決定把兒子扶蘇原來的老師池子華換掉，因為池子華崇尚**儒家**思想，心不夠狠。秦

知識門

儒家：
先秦時期的一個非常重要的思想流派。這流派以孔子為代表，主張禮治，強調傳統的倫常關係等。

王政決定由主張法家思想的韓非來做扶蘇的老師。

韓非被安排住在秦王政御賜的一座別館裏。為了救韓國，他向秦王政獻計，建議先滅掉趙國和齊國，並把韓國保住。他還打算讓秦王政對到各國行間的使者姚賈起疑心，然後促使六國聯合起來，一起對付秦國。

姚賈是趙高推薦給秦王政的人，他身為上卿，享有千戶**俸祿**[①]。

這天，趙高和姚賈約李斯見面喝酒，他們為了各自的利益，商量共同對付韓非。這時，正在喝酒的趙高和李斯，忽然看見前線派三匹快馬，向宮中飛報緊急戰報。他們便丟下酒杯趕緊回宮。到了祈年宮，秦王政和一些心腹大臣已陸續到來了。原來桓齮率領的二十萬精兵，在前線遭到趙軍名將李牧的沉重打擊，十萬兵馬被擊潰，只有不足十萬逃了回來。

聽到戰敗的消息，秦王政一拍案几，大聲説：「這真是秦國的奇恥大辱！秦國何時遭受過這樣的慘敗，在

[①] **俸祿**：封建時代官吏的薪酬。

寡人手上竟開了先例，還有什麼面目面對祖先和秦國子民！桓齮怎能逃避責任！傳寡人命令，把桓齮全家宗族統統抓起來，聽候處置！」

昌平君立即慌了起來，他跟桓齮是親家，他急忙對秦王政說：「大王，桓齮是三朝元老，對秦國有莫大功勞。不能因為他這一次戰敗就禍及全家呀！你這樣做真叫人寒心啊！」

秦王政平日對昌平君已甚為不滿，現在聽他這樣一說，就更加惱火了。秦王政說：「這是他罪有應得的！寡人要用他全家的性命，去償還在前線冤枉戰死的將士們的性命！什麼寒心？寡人看你是越來越糊塗了，從明天開始，你不要上朝了，呆在家裏好好反省吧！」

昌平君嚇得立即跪倒在地上，磕頭不止，說：「大王，臣知罪，求大王饒恕啊！」

秦王政不屑地說：「來人，把他趕出去！」

大臣們都驚恐失色，誰也不敢上前勸阻。

大家都沒想到秦王政發怒的樣子這樣可怕。接着，秦王政下令殺了桓齮全家以及他的族人，並把昌平君右相的職務撤除。

遠離都城的桓齮聽到這個可怕的消息，嚇得連夜帶領親信將士投奔到別的諸侯國去了。

　　昌平君一倒，右相的職位便空缺了。大臣們都在明爭暗鬥，爭着當右相。秦王政看重韓非，趙高和李斯怕給韓非掌管了大權，他們就會失勢了。

　　上早朝的時候，李斯趁機向秦王政上書，全面駁斥韓非先攻趙國和齊國的計策，並説韓非這次來秦國，其實是要當間諜，了解秦國的情況，然後設法保存韓國。

　　秦王政聽了李斯的進言，對韓非來秦國的動機產生了懷疑，但他覺得韓非是個難得的人才，又不想懲罰他。

　　李斯見秦王政猶豫不決，便獻上計策：「臣願意出使韓國，遊説韓王來秦國朝見大王。大王不就可以把韓王扣留下來，借機會滅掉韓國嗎？如果韓非説的話不老實，韓王一定不敢來秦國的，那時，大王就可以再作決定了。」

　　韓非知道李斯出使韓國的消息之後，便心急如焚。因為韓王如果真的來秦國，韓國便會馬上被滅掉。他匆匆忙忙地寫了一封信，叫人把信秘密送給韓王。韓王收到韓非的信，便堅決不見李斯。後來，李斯回到秦國，向秦王政報告，便更加證實韓非是來秦國當間諜了。

　　可是，秦王政還是不忍心把韓非殺掉，他叫趙高來，問問他的意見。趙高説：「大王，請恕小人直言，

越有才學但又不忠於秦國的人,對秦國的危害就越大。韓非的學説都已經寫在書上,大王可以用韓非的學識,讓李斯來實踐,這不是兩全其美嗎?」

秦王政接受了趙高的建議,説:「用李斯的才能,再加上韓非的學問。這也是個辦法。」

趙高見時機成熟,便問:「大王,你打算怎樣處置韓非呢?」

秦王政想了想,説:「你先把韓非關押起來,等寡人消滅了韓國之後再作處理。」

韓非被關進了監獄。趙高、李斯等人,怕秦王政關押他一段時間後會重新起用他,他們就趁韓非極度絕望的時候,派人送來毒酒,引誘他自殺。韓非在完全絕望的情形下,拿到毒酒便喝。一代法家大師就這樣慘死在秦國的雲陽監獄中了。

想一想

1. 韓非是一個懷才不遇、忠於國家的人,試舉例説明一下。

2. 你認同國尉繚對秦王政的評語嗎?為什麼?

六　秦王被刺

　　韓王怕秦王政因為韓非做間諜的事向他問罪，便主動向秦奉獻土地，以求保住國家。秦王政見韓王這樣馴服，決定先把韓國留下，一心對付趙國。

　　秦王政15年（公元前231年），秦國派王翦、楊端和各領兵十萬攻打趙國。可是，秦軍再一次受到名將李牧的阻擊，大吃苦頭。秦王政見李牧這麼厲害，只得下令撤兵，另作打算。

　　由於進攻趙國受挫，於是，秦王政重新調整了統一天下的策略，他接受了李斯和弔頓的建議，決定先滅掉韓國，再攻打趙國，然後再對付魏國。

　　秦王政17年（公元前229年），秦軍大舉攻韓，韓王為了苟且偷安，不惜再一次割地求和。不久，秦王又藉口韓國背叛秦國，發兵攻韓，韓王沒法抵擋，很快便被俘虜。因此，韓國就成了六國中第一個被秦國消滅的諸侯國。

　　第二年，秦王政繼續其統一六國的大計，他藉口趙國背盟，乘機派王翦、楊端和兵分兩路攻趙。然而，趙

國亦不甘示弱，派出屢戰沙場的李牧迎戰，雙方戰情激烈，爭持差不多達一年。這時，秦國利用反間計，派人用重金賄賂趙國寵臣郭開，要他在趙王面前散播李牧密謀造反的謠言，趙王信以為真，便派人取代了李牧的職務。李牧無可奈何，唯有口含寶劍，自殺身亡。

秦王政聽到李牧自殺的消息，欣喜若狂，他立即派王翦、楊端和領兵再次討伐趙國。在秦軍浩浩蕩蕩進軍趙國的形勢下，趙王後悔錯殺了李牧，現在已無人領兵抵擋秦軍了。趙王只得投降，都城邯鄲被攻破，趙國宣布滅亡。

其實，秦王政未曾忘記在八歲以前，在邯鄲過着的那段屈辱生活。雖然距離現在已經過了二十三年，但那時受欺負的情景仍然歷歷在目，他曾決心要回邯鄲報仇。今天，他來到邯鄲，把二十多年前的老住戶全部拘禁起來，並在城外挖了一個大坑，把抓來的三百多人推下深坑活埋了。

不久，秦王政派軍隊把魏國三面包圍，由於還沒找到滅掉魏國的藉口，他便決定先把燕國滅掉。

燕太子丹曾經受過秦王政的侮辱，同時，燕國正受着秦國的威脅，於是，他找來豪俠仗義的**處士**[1]田光，要

---

[1] **處士**：原來指有德才而隱居不願做官的人，後來泛指沒有做過官的讀書人。

他去暗殺秦王政。可是，田光認為自己年紀太大了，不能擔當這個重任，便推薦荊軻給燕王。

荊軻原是衛國人，喜歡讀書，善於擊劍，但他得不到衛元君的重用，後來衛國被秦滅掉後，便流落各國。

太子丹對荊軻說：「燕國弱小，難與強大的秦國對抗。現在只有利用巨利引誘秦王，趁他召見的時候，逼迫他歸還各國被侵佔的土地。萬一脅持不成功，便把他刺死。那時，秦軍大將在外打仗，秦國內部大亂，我們諸侯各國便可以乘機聯合起來消滅秦國了。」

荊軻想了很久才答應，他說：「臣這次去秦國，一定要備有讓秦王相信的禮物，否則很難接近秦王。臣希望太子能把燕國最富饒的地方——督亢的地圖交給臣獻給秦王，再把秦王最痛恨的秦國叛將樊於期的頭顱一併帶去，秦王一定會十分高興的。臣就可以在他接見的時候，見機行事了。」

太子丹同意了這個方案。荊軻便去找樊於期，樊於期知道荊軻能為自己報仇，便抽出自己的佩劍自殺而死。

荊軻把樊於期的屍體送到太子丹面前，太子丹撫屍痛哭，然後用木匣把樊於期的頭封藏好。

接着，太子丹為荊軻配了一個名叫秦武陽的副使，

一起前往秦國。

　　秦王政回到咸陽後，準備用最隆重的禮儀接待荊軻和秦武陽。因為他認為諸侯之中現在只有齊、魏、燕、楚四國還未被消滅，如果燕國不用打仗就投降的話，對其他諸侯國來説會是一個很大的打擊。秦王政心想：「把這次接見當成一個接受投降的儀式吧！這會更好地顯示出秦國的威嚴的。」

　　一天清晨，荊軻和秦武陽一切都準備就緒後，便由當時的上卿，蒙武的兒子蒙毅來接他們。三人一起乘着車，向咸陽宮馳去。

　　秦武陽捧着燕國督亢的地圖，荊軻捧着裝樊於期頭顱的匣子，在內侍的引導下，向咸陽宮大殿走去。一路上，幾千個虎賁軍分別列隊站在兩旁，他們手按刀劍，緊緊地盯着他們。到了大殿前，有幾十個**郎中**戒備森嚴，檢查他們身上沒有帶兇器，才准內進。

知識門

郎中：
官名。負責管理車、騎、門戶，在宮內充當侍衛，對外參與作戰。

　　秦武陽沒見過這樣緊張的場面，雙腿禁不住顫抖起來；而曾經遊歷各國、見多識廣的荊軻則鎮靜自若。當荊軻看到秦武陽緊張的神態時，便向他打了個眼色，並上前向秦王政謝罪説：「他是北

方人，從來沒有見過天子，因此感到害怕了，請大王恕罪。」。

秦王政命令荊軻把地圖送上。於是，荊軻從秦武陽手中接過地圖，來到秦王政身邊。秦王政高興地伸手接地圖，心想：「有了督亢地圖，就等於能夠控制燕國了。」

荊軻目不轉睛地盯着秦王政，漸漸露出了緊張的神色。

秦王政只是一心一意地注視着地圖，當地圖全部打開的時候，一把匕首突然露出來！秦王政看見匕首，心裏一驚。荊軻就趁着秦王政那愣神的一瞬間，迅速地伸手抓起匕首，另一手抓住秦王政的衣袖，用匕首抵住秦王政。

秦王政想躲開，但匕首抵住他的胸口，不敢亂動。宮殿裏的大臣們看見這種驚險情景，都大叫起來。按照秦宮的規矩，除了秦王外，任何人均不得攜帶兵器上朝的。一時之間，臣子們都顯得手足無措，幾個反應快的臣子想跑上前，但見荊軻把匕首晃了晃，説：「誰敢動，我就刺死你們的大王！」

他們只好呆呆地站着，不敢再動。

秦王政臉色青白，盯着殺氣騰騰的荊軻，顫聲問

道：「荊卿，為什麼你要這樣做？你有什麼要求，即管提出來，寡人都可以答應。」

荊軻數盡秦王政的不是：「你為了一己的私利，滅了韓國和趙國想吞併天下。你又追殺太子丹，要消滅燕國。今天，除非你按我的話去做，否則，你將死在我的匕首下！」

統一天下的大業還未完成，秦王政不想就此死去，他先穩住荊軻，說：「你有什麼要求只管說，我一定答應你。」

荊軻說：「你不要耍詭計，我這把是天下聞名的徐夫人匕首，淬有劇毒，見血即死。」

就趁荊軻不以為意的時候，秦王政猛然扯斷自己的衣袖，往旁邊一滾，爬起來向屏風那邊跑去。他試圖拔出腰間的佩劍，可是佩劍又長又硬，秦王政情急之下，一時難以拔出。此時，殿中的大臣們圍擁上來，想救助秦王政，卻反被荊軻刺倒幾個。

秦王政慌忙跳過屏風，卻不慎摔了一跤，荊軻在後面緊追不捨。於是，秦王政立刻站起來，繞着柱子逃跑。

這時候，**侍醫**夏無且將隨身帶

知識門

侍醫：

官名。駐宮廷的醫官，也稱「太醫」、「御醫」。

備的藥囊向荊軻擲過去，一下子迷住荊軻的視線，殿上的大臣趁機提醒秦王政說：「大王背劍呀！」秦王政聽了，立刻把劍推到背後，從斜抽出長劍，並一劍刺中荊軻的左腿，接着又向他多刺幾刀，荊軻的大腿血流如注，行動也困難多了。

可是，荊軻仍誓不罷休，他看準機會，再次向秦王政擲出匕首，但被秦王政以長劍劈落在地上。接着秦王政用盡全身力氣向荊軻刺去，長劍穿過荊軻的身體，把他釘在殿柱上。這時，殿外的武士也早把秦武陽砍成肉醬。秦王政總算僥倖避過這次刺殺，安然無恙。

想一想

1. 荊軻為什麼要行刺秦王政？
2. 荊軻刺秦王失敗的原因是什麼？

七 完成統一大業

發生荊軻刺秦王事件後，秦王政更加痛狠燕國，他立即命令王翦出兵攻打燕國。

秦王政20年（公元前226年），燕國和代王嘉聯合抗擊秦軍，被秦軍打得大敗。這年冬天，秦軍攻下燕國國都薊城。燕王喜和太子丹唯有帶着殘兵敗將逃往遼東。代王嘉怕太子丹連累自己，便偷偷寫信給燕王喜，教唆他殺掉太子丹，然後把太子丹的頭顱獻給秦王政，就可免遭秦王殺害了。

燕王喜接過代王嘉的信後，為求自保，便派使者追殺太子丹，把太子丹的頭顱獻給了秦王政，他自己則逃至遼東郡。

秦王政得知太子丹死後，終於出了一口氣，他馬上下令搜捕荊軻的生前友好及太子丹的門客。這些人有的被殺，有的逃命他鄉。

秦王政22年（公元前224年），秦王政得知魏國勾結韓、趙的**遺民**[1]正密謀造反，便借機會命令王翦的兒子

---

[1] **遺民**：指改朝換代之後，仍然效忠前一朝代的人，也泛指大亂後留下來的人民。

王賁率兵攻魏。

魏王假見秦軍來勢洶洶，不得不放棄都城以外的地方，他把精兵強將都集中在大梁城中，準備守上一年半載，再來對付秦軍。

李斯見狀，乘機向秦王政獻策，說：「王上，小人有一個建議，大梁地勢低窪，我們大可以挖開河堤，讓洪水把大梁城一蓋淹沒，這不是一個乾淨俐落的好辦法嗎？」

秦王政高興地說：「簡直妙極了！」

王賁接到決堤命令後，便立即阻斷溝渠下游，挖開上游河堤，波濤洶湧的河水瞬即滾滾而下，一時間，巨浪滔天，梁城足足被淹蓋了三個月。城裏沒有糧食，城牆也被淹壞了。魏王假見形勢危急，唯有向秦軍投降。

秦王政下令殺了魏王假。至此，**中原**[①]一帶地方全都落入了秦國手中。六國之中，就只剩下東方的齊國和南方的楚國還未滅亡。經過分析，秦王政最後決定先滅掉楚國，再滅齊國。

原來當年曾經助秦王政剷除嫪毐的昌平君被撤銷右丞相職位後，便逃回楚國的郢都，被擁立為荊王。於

[①] **中原**：指黃河中下游地區，包括河南一帶、山東西部、河北和山西以南的地方。

是，秦王政決定以鎮壓荊王為名，大舉進攻楚國。

秦王政問李信：「攻楚要多少兵力呢？」

李信說：「臣認為二十萬兵馬就夠了。」

老將王翦聽後，說：「二十萬兵力怎麼夠呢？臣認為起碼要六十萬兵力。」

秦王政望着兩鬢斑白、滿臉皺紋的王翦，說：「將軍，你認為要這麼多兵力嗎？你是不是害怕楚國？寡人看你是衰老了吧？」

王翦聽後，就知道秦王政不同意自己的意見，他向秦王政跪拜說：「臣征戰多年，現在已經老了，請大王批准臣回鄉養老。」

秦王政想到自己手下已經猛將如雲，蒙武、楊端和正值壯年，後起之將王賁、李信、蒙恬也已經老練成熟，放走王翦這一個老將也不是問題吧，他說：「將軍既然這樣想，寡人也就不強留了。」

秦王政23年（公元前223）年，秦王政命令李信、蒙武各領兵十萬，分兩路進軍楚國。兩位戰將在楚地如入無人之境，縱橫馳騁，好不得意。正當兩位將軍聯合兵馬殺向楚都壽春城，剛要駐紮休息的時候，突然殺聲四起，從四面八方撲來了滿山遍野的楚軍。

李信和蒙武知道中了楚軍的誘敵深入之計，一時間

手忙腳亂。結果，秦軍大敗，二十萬大軍只剩下五、六萬人，李信和蒙武見大勢已去，便鼓起勇氣，殺開一條血路，突圍回到咸陽向秦王政請罪。秦王政自知沒有聽王翦的話，使秦軍今次大敗，他並沒有嚴罰兩位將軍，只是派人痛快地責備了他們一頓便算了。

率領楚軍大敗秦軍的楚國名將項燕乘勝追擊，勢如破竹。與此同時，曾經被秦軍征服的四國遺民，也在蠢蠢欲動，乘機反秦。

秦王政眼見形勢危急，只好一面派兵鎮壓，一面親自到頻陽（今陝西富平東北），請老將王翦出山征討楚國。秦王政對王翦説：「寡人當初沒有聽從老將軍的計策，錯用李信為將，如今我國飽受楚軍攻擊，雖然老將軍身體不適，難道你忍心看着寡人遭逢劫難嗎？」

王翦推辭説：「大王，還是另選武將吧！」

秦王政再三懇請王翦領兵，最後，王翦只好答應了，他説：「若堅持要老臣出兵攻楚，非派六十萬兵馬不可。」

秦王政點頭答應，他立即把帶來的上將軍印，親自給王翦佩帶。

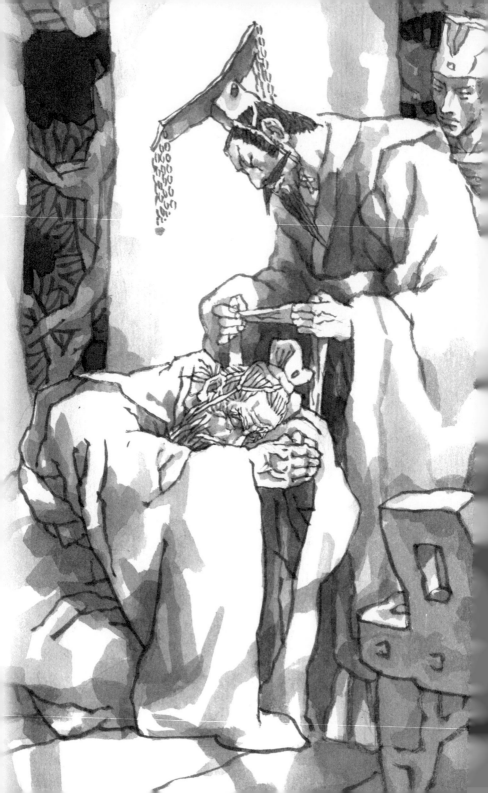

出征前，王翦說：「我懇請大王能賜予老臣大量肥沃的田地和華麗的居室。」

秦王政奇怪地說：「將軍若凱旋歸來，寡人必定重重有賞，何需現在提出請求呢？」

王翦答：「按秦國制度，將軍有功也不得封侯的，所以老臣就趁大王還信任本人時，提出要求，無非是想為子子孫孫留點產業罷了。」

秦王政聽後大笑了幾聲。

其實王翦這樣做是向秦王政表明自己沒有叛逆之心，他明白秦王政生性多疑，如今自己要領六十萬大軍出戰，恐怕秦王會懷疑自己起兵叛秦，所以他向秦王多要求田地居室，留給子孫，目的是為了表示自己貪圖產業，卻無叛國的意思，以示對秦國一片忠心。

不久，王翦便率領六十萬大軍浩浩蕩蕩進入楚國，一鼓作氣攻佔了大片土地。項燕領兵迎戰，但王翦卻築壁堅守，拒不應戰。

項燕見秦軍大營一望無際，無從攻打，就算迂迴包抄也不能取勝，只得與秦軍對峙了幾個月。在這期間，王翦天天供給將士好喝好吃的，使大家休養生息，養精蓄銳。項燕見對峙下去，將對自己不利，只好率領軍隊向後撤退。這時候，王翦便叫蒙武帶領二十萬精兵乘機

狂追猛打。楚軍難於抵擋，被王朝、蒙武、楊端和日夜連番進攻，弄得楚軍不得安寧，氣得項燕決定與秦軍決一死戰，他指揮楚軍氣勢洶洶地向秦軍衝去，秦軍立即後退，楚軍拚命追趕，不料，卻鑽進了王翦布下的口袋陣。剎那間，兩軍相接，打得天昏地暗。項燕雖然英勇無比，但始終無法扭轉失敗的形勢，被秦軍當場斬殺而死，只有他的兒子項梁逃走了。

王翦、蒙武乘勝攻進楚國國都壽春城，俘虜了楚王負芻，楚國至此滅亡。這時是秦王政24年（公元前222年）。

一年後，秦王政銳意徹底消滅燕國餘力，便派王賁出兵攻遼東，俘虜了燕王喜。

這時候，齊王建見各諸侯國一個個被秦國滅掉，心裏非常害怕。在秦國間諜的收買之下，齊國相國後勝勸齊王投靠秦國稱臣。齊王建只好答應，他正準備到秦國入朝稱臣時，雍門司馬前來進諫：「大王，我們齊人擁戴你為大王，是為了什麼呢？」

齊王建猶豫了一會，回答：「是為了國家。」

雍門司馬説：「既然是為了國家，你為什麼要離開自己的國家，到秦國去呢？」

齊王建無法回答，非常尷尬地回城。

為了把剩下的齊國消滅，秦王政找了個藉口，命令在齊國北面駐軍的王賁、李信，於秦王政26年（公元前220年）率領大軍南下攻擊齊國。

齊王建已喪失民心，再加上軍隊士氣低落，秦軍在沒遇到什麼抵抗的情況下，就打到了齊國都城臨淄城下。齊王無路可退，只得投降。秦王政後來將他趕到共地（今河南輝縣），困居在松柏林中活活地餓死了，而齊相國後勝則被秦軍殺死，齊國至此滅亡。

花了十年時間，秦王政終於把六國消滅，統一天下。他回憶這十年歷程，不禁長歎一聲：「啊！寡人統一天下的偉大計劃總算完成了！」

想一想

1. 秦國能夠消滅六國、統一天下的因素是什麼？

2. 秦王政在統一天下這過程中，展現出他有着怎樣的性格？

八 向天下頒布新制

一個多月後，秦王政召集大臣們來到咸陽宮大殿裏，他望着肅立在兩旁的大臣們，説：「寡人以自己的力量，興兵打敗了六國，天下才開始安定。今天，如果不更改名號，就不可能稱頌這萬世功勳，傳給後世了。所以，寡人決定要重議**帝號**①。」

朝中一班大臣經過商議後，終於有了決定。王綰説：「臣等與博士商議後，認為古代有天皇、地皇、泰皇，其中最尊貴的是泰皇。所以，大王應該稱作『泰皇』。」

可是，秦王政對這個稱號並不滿意，他苦苦思索了好幾天，終於想出了一個前所未有的稱號。他説：「去掉『泰』字，保留『皇』字，再用上古的『帝』為號，稱作『皇帝』。寡人就是『始皇帝』，以後傳到二世、三世，直至萬世！」從此以後，秦王政就稱為「秦始皇帝」，簡稱為「秦始皇」。

---

① **帝號**：皇帝的年號。

李斯列奏道：「臣認為始皇**陛下**[1]的自稱應用『**朕**[2]』，其他人都不能用這個字，否則當作**忤逆**[3]罪來論處。始皇陛下所下的『命』改作『制』；『令』改作『詔』。」

秦始皇高興地説：「就這樣辦吧。」

其實，秦始皇自滅六國後，他看了許多大臣獻來的治國之策，心中也有了明確的想法。

首先，秦始皇決定在中央建立一套完整的中央集權制度，使權力集中在皇帝一人手中。在皇帝之下，設三公九卿。三公是中央機構的最高長官，即**丞相**、太尉和御史大夫。

丞相的職責主要是協助皇帝處理全國政務，是堪稱一人之下，萬人之上的重要角色；太尉負責協助皇帝掌管全國軍事；而御史大夫的職權僅次於丞相，有監察百官之用。

三公下設有九卿，即奉常、郎中令、衞尉、太僕、廷尉、典客、宗正、治粟內史和少府，分掌各項不同的

> **知識門**
>
> **丞相：**
> 官名。始於戰國時代，是百官之首。有時尊稱「相國」、「相邦」。職務是協助天子處理政事。

---

[1] **陛下**：對帝王的尊稱。

[2] **朕**：秦以前指「我」或「我的」，自秦始皇起專門用作皇帝自稱。

[3] **忤逆**：不孝順的意思。

職務，加強中央統治。

這時候，秦始皇沉着聲音對大臣們說：「為了更好地輔佐寡人處理政務，寡人決定恢復左右相的職務，並定名為丞相。寡人現封隗狀為右丞相，王綰為左丞相。」

大臣們聽到秦王政決定封隗狀為右丞相，感到十分突然。王綰和李斯都感到十分費解。然而，秦始皇卻有自己的想法，他雖然把六國消滅了，但蠻荒的北部，還有一個強悍的敵人，就是匈奴。為了將來對付匈奴，現在必須要找一個對匈奴十分熟悉的人來幫他籌劃，於是他選中了深通中原禮儀，又了解**匈奴**習慣的隗狀來協助他。隗狀有着武將的本色，精通騎馬射箭，性情豪爽。秦始皇還命他當長公子扶蘇的**太傅**。

知識門

匈奴：
我國的古代民族。戰國時在燕、趙、秦以北游牧。東漢時分裂為南北兩部。

太傅：
官名。太子的輔導官。

接着，秦始皇與大臣們議論了統一後的各項重大事情，就詔告天下，主要內容包括：

一、在全國不再分封諸侯，設立三十六郡，郡下設縣，縣下設鄉或亭，鄉下設里，一百戶為一里。每郡、縣、鄉、亭，甚至里都設有特定的職位，負責掌管不同

的事務，務求使秦始皇能對全國加以層層控制。

二、為了使天下安定，防止戰爭發生，秦始皇下令把民間的兵器全部收集到咸陽，鑄成一種名為「鐘」的樂器及十二個金人。

三、統一法度。在天下推行以秦國為準的法度，其中包括統一度量衡，防止貪污舞弊；統一貨幣，下令全國通用黃金和圓錢，幫助經濟發展；統一文字，以新創製的小篆為統一字體，並令各級官吏帶頭推行小篆。

四、為防止諸侯謀反，下令把分散居住在各地的富豪十二萬戶遷到咸陽，以收監視之效，並促進咸陽的繁榮和以便徵收賦稅。

五、推行「**五德終始之說**」。秦始皇採用五德終始之說，認為秦屬水德，崇尚黑色和「六」這個數字，於是他將「黃河」改名「德水」；定黑色為秦代的流行顏色；各種器物都以六為度。

秦始皇把一系列鞏固全國的政策詔告天下之後，才安心下來。他相信，實行這些政策之後，就再沒有人

知識門

五德終始之說：
一種起源於五行思想的學說。五行即水、火、木、金、土，中國古代認為世界萬物均起源於這五種物質。而鄒衍的五德終始之說認為：做天子的一定要得到五行中的一德，才可以統治天下。而這一德到了特定時間，便會被另一德取代，因此這學說亦成了歷史上不斷改朝換代的根據。

能撼動他的江山了。

　　秦始皇出巡隴西、隴北之後，便開始建信宮、修**馳道**[①]、下令車同軌。信宮修建在渭水的南邊，秦始皇把它改名為「極廟」。意思是指他所住的極廟是人間中心，象徵他受天帝的旨意來主宰人間。極廟是敬天祭地的地方，也是處理軍國政事的場所，修建信宮的目的是想充分顯示出他統一天下的氣派。

　　在秦始皇出巡時，因為道路寬窄不同，而且高低不一，使他受盡顛簸之苦，那龐大整齊的儀仗車隊也被弄得隊形散亂，體現不出王威。回來後，他立即下令趕修馳道，規定馳道闊五十步，馳道必須比四周平地高，路的兩旁每隔三丈種一棵樹。馳道以咸陽為中心，通向天下各個地方。同時，為了配合馳道的修築，秦始皇又下令車同軌，即統一車輛的輪距，並下令把各國的關塞拆除，這些措施不僅是為了以後出巡方便，也是為對付匈奴作準備，打起仗來調兵遣將和運送糧草就方便得多了。

　　除了這些工程外，其實秦始皇早在即位初年，便已經下令在驪山為自己修築陵墓，直到統一六國後，他又

[①] **馳道**：車馬行馳的道路。

徵調民工繼續修築。

而在統一六國的過程中，秦始皇每滅一個國家，便會在咸陽仿照該國宮室的模樣，興建一座宮殿，將該國君主的姬妾美人都安置在那裏，好讓自己到那裏休息。統一六國後，秦始皇更徵集民力，大建宮室，其中最大型的工程可說是擴修阿房宮。壯觀宏偉的**阿房宮**坐落在長安，其規模之大確是前所未見。

另外，秦始皇在位期間，在天下頒布了嚴刑法制，為防人民叛變，他定下了多種酷刑，並以重金鼓勵人民舉報罪犯。若一人犯罪，便擴大誅連，藉以阻嚇人民。

為了貫通秦國與南方的交通，方便日後向南方進軍，秦始皇又派遣史祿開鑿靈渠，靈渠位於今廣西興安縣城，全長約三十餘公里，此項工程把湘江和漓江匯流在一起。

在軍事上，靈渠為運送糧餉提供了不少方便，有助秦國征服南方，更有利南、北方的文化交流。

知識門

阿房宮：

是一個富麗堂皇的大型建築羣。根據記載：在長安西南建阿房宮前殿，東西寬五百步，南北長五十丈，庭中可以坐一萬人，殿中可以建立五丈高的大旗。宮前立十二個銅人，各重一千石，又以磁石作大門，防止有人藏兵器入宮。四周有閣道把宮殿相連。秦始皇死後，秦二世繼續興修。後來，項羽入關，阿房宮全部被焚燬。

　　當然，以上的措施和大型工程，只要秦始皇一聲令下，便會有王綰、隗狀、李斯、趙高等人去辦了。現在，秦始皇正想給二十一歲的長子扶蘇與王綰的女兒成親。怎料，扶蘇卻想娶女侍為妻。秦始皇因此非常生氣。

　　趙高看出秦始皇對扶蘇並不信任，而扶蘇一向對自己不滿，至於秦始皇的小兒子胡亥已受自己的控制，於是趙高想方設法打消秦始皇立扶蘇為太子的念頭，假若日後換上胡亥當太子，他將來便可以飛黃騰達了。

　　秦始皇説：「扶蘇真是太令我失望了，如果把江山交給他，朕實在不放心。」

　　趙高順着秦始皇的意思説：「陛下正是龍虎年華，也許陛下能永遠統治天下呢。」

　　秦始皇搖搖頭説：「怎麼可能呢！」

　　趙高連忙向秦始皇進言：「陛下，小人聽説過，成仙得道的人能煉成不死仙丹，吃了仙丹就能長生不老，陛下就可以不必為後繼的接班人操心了。」秦始皇被趙高的話説得有些心動了。

想一想

1. 秦王政統一中國後，為什麼把自己的帝號定為「秦始皇帝」？

2. 秦始皇統一中國後，定下了什麼措施？這些措施對治理國家有什麼好處？

九　四次出巡

扶蘇大婚期間，秦始皇看到各地的上書，都説要感謝皇帝陛下天恩浩蕩。秦始皇非常高興，可是心裏還認為有些欠缺。

李斯看出秦始皇的心意，趁機進言：「陛下上承天的旨意，下撫黎民百姓，有平定天下的大功勞。古時候的天子為了顯示這樣的功德，便會進行**封禪**[①]泰山的活動。陛下開闢了萬里江山，功勞追得上古代天子，當然也應該舉行封禪的禮儀，使天下的臣民都明白陛下是受命於天，代天行事的。」

其實，秦始皇正想再次到外面出巡，看看暢通天下的馳道修葺得怎麼樣，並再次顯示他的王威。另外一個不為人知的原因是：泰山在原來齊國的地方，齊國是最後被秦國征服的國家，因此很多不願受秦室統治的六國舊臣都聚集在那裏。秦始皇知道，只有親自巡視，讓這些六國舊臣見識秦室的威風，才能令這班妄圖謀反的人

[①] **封禪**：指古代帝王上泰山祭祀天地。

懾服的。

秦始皇最後作出了東巡的決定，他吩咐文武百官作好準備，他要把文武重臣都帶去進行封禪，只留下扶蘇負責咸陽的事務，並讓蒙毅來輔佐他。

一切準備妥當之後，秦始皇便率領龐大的車隊，於秦始皇28年（公元前218年）4月，開始東巡。

秦始皇的車隊十分威武，車隊前後各有幾千名精心挑選的虎賁軍戰士，他們騎着戰馬，手拿長戈巨斧。走在前面的是辟惡車，跟着是隨從車，它們按「五行」配以青、赤、黃、白、黑五種顏色排列，左右簇擁着秦始皇乘坐的金根車，金根車由六匹純黑的河曲馬拉着。金根車後面是一輛能調節溫度的**轀輬車**①，尾隨81輛大駕屬車，裏面坐着隨行姬妾和文武重臣。

這支浩浩蕩蕩的車隊，前後長幾十里，非常雄偉壯觀，引來無數百姓爭相觀望。車隊到了奇峯怪石的鄒嶧山後，秦始皇下令在石上，刻下自己的豐功偉績，宣揚統一的偉大意義，然後便帶領大家上山遊覽，直奔泰山。

到了泰山腳下，秦始皇不知道應該怎樣進行封禪禮

---

① **轀輬車**：乘者可以躺卧的車。

72

儀，於是便召來當地最有名氣的七十個**儒生**①詢問，儒生們經過商議後，對秦始皇說：「古代進行封禪，天子均坐車前往，需以蒲草包裹着車的所有輪子，以免弄傷山上的土石和一草一木，同時也要把地面打掃乾淨，鋪上秸席，進行封禪。」秦始皇嫌這種封禪禮儀方案，不合他耀武揚威的心理，便喝退那些儒生，乾脆按照他自己的意思舉行大典。

他調來兵士從泰山南邊斬樹除草，開山闢路，修了一條大路直通山頂。然後領着車隊上山，由太祝主持，仿照他在雍地祭祀的禮儀，舉行封禪泰山的大典。儀式完成後，他叫李斯寫了一篇文章歌頌自己的功德，並強調希望自己的基業能傳至後世。

接着，秦始皇率領車隊下山，走至山腰，不料，突然烏雲滾滾，狂風大作，下起傾盆大雨來。秦始皇只好來到一棵遮天蔽日的大松樹下避雨。事後，秦始皇認為這棵樹曾經保護過他，賜這棵樹為「五大夫」。

> **知識門**
>
> **太祝：**
> 官名。掌祝辭祈福的事。
>
> **五大夫：**
> 爵名。秦漢時代，二十等爵位的第九級。

---

① **儒生**：原指遵從儒家學說的讀書人，後來泛指讀書人。

完成泰山封禪後，秦始皇繼續向東巡視，向着渤海進發。他每到一個地方，都要向郡首或縣令了解民情、政務，查訪諸侯的**遺族**[①]有沒有做出不軌的行為，並調查各地執行秦國法紀的情況。

後來，秦始皇經芝罘到了瑯琊，他登上**瑯琊台**觀望海景，突然心血來潮，便在那裏建造了一座更高更大的瑯琊台和一個行宮，在那兒遊山玩水了三個月。當然，秦始皇也不忘在瑯琊刻石，頌讚統一天下的新政策，宣示自己的功德。

一天，秦始皇突然看到了在海中出現的**海市蜃樓**，有人便驚呼：「看呀，那是仙島，天帝顯靈了！」秦始皇也立即跟着大家跪了下來，認為自己得到了大帝的保祐。當地的**術士**[②]就乘機向秦始皇上

知識門

瑯琊台：
瑯琊郡位於黃海之畔。越王勾踐在這裏造了一座觀海台，名為瑯琊台。

海市蜃樓：
大氣中由於光線的折射作用而形成的一種自然現象。當空氣各層的密度有較大的差異時，遠處的光線通過光線密度不同的空氣層，就會產生折射或全反射，這時可以看見空中或地面下出現遠處物體的影像。這種現象多在夏天、在沿海一帶或沙漠地方發生，叫作海市蜃樓，也叫蜃景。

[①] **遺族**：死者的家族。
[②] **術士**：操縱迷信職業的人。

書，説海中有三座仙山，分別叫蓬萊、方丈、瀛洲。他們聲稱這三座仙山上都住着仙人，仙人們都有長生不死仙丹。

秦始皇聽了術士的話，信以為真，決定派齊國術士徐福去尋找仙丹。

徐福大概三十歲左右，長着三縷長鬚垂在胸前，看上去眉清目秀，讓人覺得他有幾分「仙氣」。

徐福對秦始皇説：「陛下是福厚之人。按照上天的旨意，陛下統一了國家，為天下人做事，一定能再次見到三座仙山的。」

秦始皇相信了徐福的話，派他帶上黃金珍寶作為禮物，率領數千童男童女去仙山尋找仙人，希望能尋得長生之果、長生之水等東西。

秦始皇一心等待徐福拿仙丹回來，一直留在瑯琊。一天，徐福回來了，可是他什麼長生的東西也沒有帶回來。

徐福對秦始皇説：「我到蓬萊山看見了仙人，仙人説皇帝給他的禮物太微薄了，還要童男、童女各五百，還要百工、技師，以及穀物種子、糧食等，這樣才能得到長生之丹呢！」

秦始皇求藥心切，便立即命令大臣按徐福的要求去

辦。為了防止意外，秦始皇還賜給徐福一百名弓箭手，保護他的航船。所有的東西裝滿了三艘大船，徐福就此揚長而去了。

秦始皇一直在瑯琊台等待徐福回來，可是一點音訊也沒有，他只好派人在這裏守候，自己率領車隊返回咸陽。

第二年，秦始皇作第三次出巡，又到了瑯琊。他問留守人員徐福回來沒有，留守人員回答：「陛下，一點消息也沒有。」於是，秦始皇又在這裏等了十多天，可是仍然沒有一點音訊。秦始皇不耐煩了，便回咸陽去。

不久，趙高為了更有效地控制秦始皇，他給秦始皇找來了兩個**方士**①——盧生和侯生，他倆自稱是得道成仙之人茅初成的弟子。秦始皇聽了他們的胡言亂語，便想：「成仙人比長生不死更快活呢！」於是便命令兩人為他煉丹藥，秦始皇吃了丹藥，覺得生龍活虎般精神。

秦始皇32年（公元前214年），秦始皇再次帶領眾多文武大臣，作第四次巡行。這次經過的地方多是原來魏、韓、趙、齊、燕等國的交界，車隊浩浩蕩蕩地來到了碣石（今遼寧綏中縣境內）。秦始皇在這裏等着盧

---

① **方士**：古代稱從事求仙煉丹的人。

生和侯生到海外尋找長生不死藥回來。可是等了兩個多月，仍然沒有消息，秦始皇心中十分焦急。

終於，有一天，盧生和侯生乘船回來了。

當秦始皇去見他們的時候，只見他們在一塊木板面前手舞足蹈，瘋瘋癲癲的。

秦始皇忍不住走到他們中間，還沒等秦始皇開口，盧生突然睜開眼睛，神秘地説：「陛下，仙人已經顯現蹤跡，千文已經出現。」

秦始皇望着那塊黑糊糊的木板，只見上面密密麻麻地排了五個字——「**亡秦者胡也**①」。

秦始皇驚呆了，怔怔地望着天空，想：「為什麼要滅掉我大秦？『胡』指的是誰？」

盧生和侯生見秦始皇在發呆，正中了他們的詭計，其實他們根本就沒有找到什麼仙人和仙藥，他們只想來騙取秦始皇的錢財。原來這個奸計是趙高設計的圈套，他利用秦始皇求仙心切，想把他的思路引到迷信之説，使秦始皇遠離太子和大臣們，以便一步步把大權落在自己手中。

---

① **亡秦者胡也**：亡，即「滅亡」，在這裏是「消滅」的意思。胡，古時候，對北方和西方少數民族的稱號。

想一想

1. 秦始皇到泰山封禪，有哪幾個目的？

2. 秦始皇為什麼要求仙尋藥？

十 用兵開疆拓土

秦始皇回咸陽不久，鉅鹿郡守報告，說捉到了荊軻的生前好友高漸離。荊軻刺秦王的事情至今相隔已有十多年了，秦始皇一直下令追捕高漸離，想不到今天終於將他捕獲。

這幾年，秦始皇縱情於酒色，體型變化很大。原先精瘦的身體已胖得十分臃腫，兩頰的肉都下垂了，嘴角也陷了下去。只有濃黑的雙眉底下那雙令人望而生畏的眼睛，仍然放射出精銳的目光。

趙高試探地問：「陛下，高漸離明天就到咸陽了，陛下準備怎樣處置他？」

秦始皇兇狠地說：「朕決不放過與朕作對的人！」

趙高說：「陛下，微臣知道高漸離善於擊築，我們可以弄瞎他的眼睛，那麼他就不能逃走，只好呆在宮中擊築給陛下欣賞了。」

知識門

築：

一種古代的弦樂器。它像琴，有十三根弦，用竹尺敲打發聲。

秦始皇大表同意。高漸離因此被弄瞎了眼睛，他的

心裏更恨秦始皇了，他發誓要把秦始皇殺死。

這一天，秦始皇召高漸離為他擊築。築聲非常動聽，秦始皇十分滿意。高漸離騙秦始皇説：「想要聽到更好聽的築聲，只要在築身上灌鉛，加重穩固築身，那聲音就會更動聽。」

於是，高漸離花了三天時間，把鉛灌到築裏，築身足有三十多斤重。

這天，秦始皇又召集一批親信重臣來聽高漸離擊築。高漸離穿着一身白袍，被秦始皇叫到他右手旁的案几就坐。

高漸離一邊擊築，一邊唱起悲壯的樂曲來，高超的築藝讓秦始皇聽得迷醉了。聽完歌，秦始皇要賞酒給高漸離。高漸離便走到秦始皇的案几前，躬身行禮，他出其不意地舉起那沉重的築，高喊：「我要殺掉你！」向着秦始皇撲去。秦始皇一看情況不妙，便把案几一推，順勢向旁邊滾去。高漸離想停也停不住，被案几絆了一下，連人帶築砸在秦始皇剛才坐的座位上。眾人都驚呆了，扶蘇離秦始皇最近，他立即作出反應，擋在秦始皇身前，把剛剛站起來的高漸離一腳踢倒。這時候，幾個內侍也一齊撲過去，把高漸離牢牢壓住。

秦始皇用狠毒的眼光盯着高漸離，説：「拉下去

斬！」

　　從此以後，秦始皇再也不敢接近過往諸侯國的人了。

　　後來，秦始皇漸漸把部分政務交給扶蘇處理，自己卻花更多精力在求仙和尋找美女身上。

　　但與此同時，秦始皇也深深牢記着「亡秦者胡也」這五個大字，他已認定句中的「胡」是指北方的匈奴，因為「胡」也稱「匈奴」。於是，他經常召見右丞相隗狀，向他詳細了解匈奴的來歷、個性特徵、生活習性等。不久，秦始皇就對匈奴有了大致的了解。然而，秦始皇想：「應該如何對付這羣生活在荒野地方、兇悍無比的外族呢？」

　　秦始皇問大臣的意見。李斯主張維持原狀，不出兵討伐；隗狀則主張以武力解決，乾脆出兵與匈奴打個痛快。

　　趙高眼看這兩派在明爭暗鬥，心知他們想從中取利。

　　一天，秦始皇率領出巡的車隊，經過上郡走馳道，一路直奔咸陽。一路上，他幾次看見一小撮的匈奴騎兵衝進中原，劫殺擄掠，這更使他下定決心要討伐匈奴。

　　秦始皇心想：「應該由誰來帶兵當將領討伐匈奴

呢？王翦、楊端和、蒙武都已年老體弱，不適宜領兵作戰了。正值壯年、在秦軍又很有威望的將領只有三個：王賁、李信、蒙恬。還有一人，就是右丞相隗狀。」

就在秦始皇考慮人選的時候，老將王翦得知秦始皇要選將討伐匈奴的消息，便對兒子王賁說：「**功高蓋主**①，這是做大臣的大忌，你要切記，千萬不要去爭當這個帶兵將領啊！」

王賁問：「為什麼？」

王翦說：「我看朝廷的大臣們，表面上一團和氣，內裏卻是勾心鬥角，只有陛下才能駕馭這種情況。陛下為人果敢、獨斷，有許多事情都乃憑自己的喜好去做，這會為以後留下不少禍根的。」

王賁聽從了父親的話，沒有去爭領兵權。

而秦始皇則在左思右想，覺得領兵征伐匈奴的只有王賁和蒙恬兩個適合人選。回到咸陽後，秦始皇出乎意料地接到了王賁的上書，說身體不適，要回老家靜養。於是，秦始皇只好用蒙恬為將了。

秦始皇32年（公元前214年）年末，蒙恬帶領三十萬大軍出兵討伐匈奴。

---

① **功高蓋主**：大臣的功勞超過君主的意思。

匈奴單于頭曼聽聞秦軍大規模地討伐，不禁害怕起來。經商議後，他決定不與秦軍正面交戰，利用自己來去神速的騎兵，分散襲擊秦軍。結果，這一策略果然有效，搶得了不少秦軍的糧草和武器。

知識門

單于：
匈奴最高官的稱號。

一天，單于頭曼得到消息，說秦軍五萬人押運糧草武器送來給蒙恬，便決定來一次大包圍，攔截這批非常可觀的物資。若成功的話，不僅能增強自己的實力，秦軍也會因為缺乏糧食和武器的補充而撤退呢。

於是，頭曼率領十三萬匈奴騎兵，沒費多大功夫便找到了運送糧草的五萬秦軍。可是，匈奴人當時只顧着搶東西，以致章法大亂。蒙恬和蒙毅見匈奴兵踏進了自己設計的圈套，便立即開動成千上萬輛戰車，從四面八方向匈奴大軍殺過去。最後，匈奴兵大敗。蒙恬乘勝追擊，佔領了**河套**[①]以南一大片地方。

秦始皇接到秦軍大勝的消息，便命令蒙恬就地駐守，治理整個北邊的地方，並開始着手修築防禦匈奴的萬里長城。

[①] **河套**：指黃河從寧夏橫城到陝西府谷的一帶地方。

正當北方頻頻傳出捷報的喜訊時，正率領秦軍向南方平定**百越**^①的屠睢，卻遭到失敗。

嶺南^②各部族首領都不願向秦國屈服，他們憑着自己對地形的熟悉，利用山高林密的自然優勝條件，不斷襲擊秦軍，使秦軍疲憊不堪，然後趁機大破秦軍，並殺死了秦軍統帥屠睢。

秦始皇聽到這個消息，認為這是秦國的奇恥大辱，很不高興。他派任囂、趙佗為將，帶兵增援落敗的秦軍。兩位將領最後總算佔領了南越之地，接着，秦始皇下令在那裏設置三個郡：桂林郡（今廣西桂平地區）、象郡（今越南北部中部地區）和南海郡（今廣東廣州）。

秦軍先後戰勝了匈奴和百越，達至南征北伐的目的。驅逐匈奴的勝利，保衞了北方邊疆，令邊疆人民不再受劫掠之苦。秦始皇更趁機修築萬里長城，加強防衞；秦軍把百越征服，不但大大開闢了秦室的領土，還得到了許多象牙、牛角、翡翠、珍珠等南方財寶，而更重要的是使大秦的威名迅速地遠播四面八方。

---

① **百越**：是指分布在東南沿海的浙江、福建、廣東、廣西一帶的許多部族，主要有甌越、閩越、南越、西甌和於越五支。

② **嶺南**：指五嶺以南的地區，即廣東、廣西一帶。

想一想

1. 你認為秦始皇為什麼會把政務交給扶蘇處理？

2. 秦始皇派誰人領兵北伐匈奴？結果怎樣？

十一 下令焚書坑儒

秦始皇34年（公元前212年），秦始皇在咸陽宮裏借祝壽的機會，大擺酒宴，慶賀南征北伐的成功。

舉行酒宴期間，羣臣們一一向秦始皇敬酒，頌揚他的豐功偉績。博士周青臣站起來向秦始皇敬酒，説：「陛下的英名必將傳於萬世，上古的三皇五帝也比不上陛下的功德。」

周青臣的吹捧，讓秦始皇十分高興，卻激怒了另一個博士淳於越。他忿忿不平地説：「陛下擁有萬里疆土，王室子弟卻沒有一寸分封的土地。臣從來也沒有聽過從古到今，有君主不學習古代分封制而能夠長久統治的。周青臣當面吹捧陛下，是加重陛下的過錯。」

秦始皇聽了，十分憤怒。李斯看出秦始皇不高興的表情，立即站起來説：「陛下實行的郡縣制，是依照實際情況來制定的！各位儒生不研究當代，卻堅持古老的一套，責難當今的制度，鼓動百姓造反，應把他們治

知識門

博士：
古代學官名。由博通古今之事、精通禮儀的儒生擔任，並無多少實權，多是為君主諮詢所用。

罪！」

博士們正要聯合起來向李斯反擊時，秦始皇卻制止他們，說：「今天是朕的生日喜宴，不要再議政事了。大家喝酒吧！」

誰也想不到，就在喜宴的第二天，秦始皇下詔令：封李斯為左丞相；王綰接任隗狀的職務為右丞相；蒙毅接替李斯當廷尉。

李斯上任不久，立刻提出了一項驚人的建議。他在上書中寫道：「臣請求：『把所有不是秦國史官寫的書都全部燒掉。所有不是博士官職所需要的書，例如天下收藏的《詩》、《書》，以及百家的言論，統統送交郡首、郡尉燒掉。再有敢私下談論《詩》、《書》的人都要處死；以古代法制來否定現今制度的人，要滅他全族；官吏知道這種情況而不舉報的，便宣布他同罪；命令下達三十天內還不把書燒掉的，便在他的臉上刺字，罰他去修築長城。但關於醫藥、

知識門

《詩》、《書》：
《詩》即《詩經》，是中國第一部詩歌總集，分風、雅、頌三部分，共三百零五篇。內容反映勞動人民的生活，揭露統治階級的荒淫和戰爭帶來的痛苦，歌頌青年純潔的愛情。《書》即《尚書》，是中國古代第一部散文集，是上古歷史文獻的匯編。原有一百篇，現存五十八篇。大都是一些誓詞、文告、演講辭等，另外還有一些記述性文字。

卜筮、種樹的書，一律不燒。』」

秦始皇看了李斯的建議，非常讚賞。他召來一班大臣同來商議。

其中以王綰為首的部分大臣以及博士們都堅決反對焚書，王綰向秦始皇奏道：「《詩》、《書》等書，一直流傳至今，使人們懂得禮儀，增長智慧。一本書能夠流傳後世並不容易，書中凝聚了幾代人的心血和智慧，如果一下子把它們燒掉，實在太可惜了。千萬不要因為博士淳於越一個人反對今天的制度，就禍及所有的讀書人。望陛下三思。」

此時，李斯也不退讓，駁斥王綰說：「如今天下統一，儒生應與百姓一樣，遵守法令，約束自己。如果以所學的東西來擾亂民心和撥弄朝政，實在是罪不可恕。儒生斗膽這樣做，禍根就是源自《詩》、《書》。臣請求陛下恩准焚書的建議，以保住大秦萬世江山。」

秦始皇聽了他們的辯論，說：「左丞相李斯所說，朕也有同感。只懲罰一兩個人是不夠的，必須要挖掉這些禍害的根源。焚書雖然有其不利的一面，但為了保住大秦江山，這些不利的影響實在是微不足道的。朕就此批准李斯的建議，宣布焚書的命令從今天開始執行。」

李斯趕緊高聲稱頌：「陛下英明！」

王綰見秦始皇下令焚書，便跪在地上説：「臣已衰老，才德都不足以輔佐陛下親政了，臣請陛下免去臣的丞相職務。」

秦始皇聽了王綰的請求，也毫不留戀地説：「愛卿既然有這個意思，朕也不勉強你了。你就到城東的**苑囿**[①]養老吧！」

博士們看到這一幕都目瞪口呆，其中淳於越更是悲痛萬分，他想不到因為自己的一句話，竟然會招致這麼嚴重的後果。他站起來指着秦始皇罵道：「昏君！你下令焚書，這是千古大罪啊！你一定會遭到後世唾棄的！」

大臣們都呆愣起來，秦始皇氣得臉色鐵青地拍案大叫：「來人，把這狂夫拉下去砍掉！」

兩個郎中馬上捉住淳於越。淳於越掙脱了挾持，一頭撞在宮殿的柱子上，當場身亡。

幾天之後，焚書令在全國實行。三十天內，到處火光沖天，**先賢**[②]的智慧結晶，頃刻間，化成了灰燼。

不少讀書人心中埋藏着悲憤，有的偷偷地把書藏起來，還有許多人因為捨不得燒書，被罷了官趕到邊疆去修築長城。

[①] **苑囿**：養禽獸和種植花木的地方，多指帝王的花園。

[②] **先賢**：已經去世的有才德的人。

　　按照隗狀的規劃，長城西起臨洮，東到遼東，沿着寬闊的德水，順着又高又陡的陰山修築。工程是要將秦、趙、燕已有的長城加固連接起來。除了修築長城外，秦始皇同時又下令擴建阿房宮、建造驪山陵，每個工程需要的民工都不下五十萬。朝廷在民間大量徵集民夫，許多村莊的男子都被徵集一空，只留下老弱病殘和婦女兒童。

　　由於主要的勞動力都被抽調了，不少農田被迫荒廢。民夫們接連不斷被徵召苦役，無奈之下，燃起了反抗怒火，他們有的聯羣逃走，有的奪取武器，與監工和士卒搏鬥一番。

　　宮廷裏的鬥爭也日益惡化。趙高一直與扶蘇不和，如今被扶蘇發現了他與宮女私通的事，他怕扶蘇向秦始皇說出這件醜聞，他的官途便受威脅了。趙高想：「為了自己的將來，一定要打敗扶蘇，讓胡亥登上王位。」

　　有一天，方士盧生突然出現，對秦始皇說：「陛下，臣一直找不到仙藥和仙人的原因是有惡鬼從中作梗。陛下應盡量不讓別人知道陛下的行蹤和住處。」

　　秦始皇果然接受了盧生的建議，自稱為「真人」，並下令將咸陽及其附近二百里內的二百七十座宮殿，全部用複道連接起來，各條複道都左右遮蔽。秦始皇下令

不准説出他的行蹤和住處，誰洩露了就處以死罪。

這樣就更有利趙高進行陰謀活動了。

怎料扶蘇和蒙毅已把趙高與宮女私通的事告知皇上了。秦始皇下令削去趙高的一切官爵，降他為普通百姓，但仍准他留在宮中，服侍秦始皇。現在就由蒙毅接掌趙高的秘密權力。

盧生和侯生見趙高被貶，心知事情不妙，他們怕與趙高合夥假借尋仙騙秦始皇的事洩露了出去，便捲起財物，偷偷地溜走了。

不久，盧生、侯生逃走的消息傳了開去，引起儒生們的議論，説他們之所以逃走，是因為秦始皇貪戀權勢，喜歡殺人，不配得到長生不老的仙藥。

秦始皇聽到大家的非議，十分惱火。他對御史馮劫説：「真人對盧生、侯生十分尊崇，給了他們很多賞賜，他們卻不辭而別。那些儒生們又到處散播謠言，擾亂百姓的思想，真人就派你把他們全部捉拿嚴辦，不准放過一個人！」

馮劫苦苦勸諫秦始皇，希望他收回命令，但秦始皇不聽。馮劫只得遵從王命，把與盧生、侯生來往頻繁的人和儒生逮捕，最後被拉往坐監的儒生共有四百六十多人。

不久，秦始皇下令把所有捉到的人全部活埋坑殺，還下令各地郡守，將那些隨便議論朝政的儒生都貶去修築直道。

扶蘇見秦始皇這樣處置儒生，心中非常憂慮，他勸父王應多加撫慰人民。

秦始皇生氣地說：「父王十三歲當王，二十二歲剷除**奸佞**[1]，花了十年時間滅掉六國，統一天下，使百姓安居樂業，不再受戰爭的痛苦。真人的功德，只有三皇五帝可比，那些儒生還諸多議論的。扶蘇，你並不真正了解民情，你應該出去看看。你就到上郡去協助蒙恬吧！」

扶蘇沒想到秦始皇會讓自己去上郡，他知這名義上是協助蒙恬，實際上就是把他趕出咸陽，到邊塞地方去。扶蘇為此十分傷心。

蒙毅聽說扶蘇被貶到上郡，也十分不安。他認為這對扶蘇以後的發展很不利。於是，連忙向秦始皇進諫：「陛下，公子扶蘇是**嫡**[2]長子，按禮法不應該到外面守

知識門

直道：
一條由咸陽至九原郡的捷徑通道，全長一千八百多里。相傳修築直道的目的是為了控制北方的匈奴，防止造反。

---

[1] **奸佞**：奸詐險惡又很會諂媚的人。

[2] **嫡**：宗法制度下指家庭的正支。

94

邊。若把他貶出咸陽，只怕引起混亂。」

　　秦始皇真誠地說：「愛卿的意思，真人心裏明白。真人怎會不相信扶蘇呢？其實真人想讓他避開咸陽這個風暴中心，保證他的安全。並借這個機會，看看誰是真正的忠良之臣，這對他日後會有好處。」

　　蒙毅十分佩服地說：「陛下深謀遠慮。」

　　秦始皇歎了口氣，說：「至於真人把趙高放了，因為天下人都知道趙高這個人慣用花言巧語奉承真人，卻不知道他曾經陪真人出生入死，幫助真人不少。現在，真人越寵愛趙高，天下的人就越憎恨他，以後扶蘇殺了他，就越容易收服人心了。」

　　秦始皇囑託蒙毅：「你們蒙家三代都是忠良之臣，有你們兄弟二人輔佐扶蘇，真人也就放心了。今天真人跟你說的事，千萬不要對別人說，就是扶蘇也不例外。」

　　蒙毅應道：「臣遵命！」

想一想

1. 為什麼秦始皇下令焚書和坑儒？

2. 如果你是當時的臣子，面對秦始皇下令焚書坑儒，你會怎樣做？為什麼？

十二 在沙丘駕崩

不久，秦始皇擔心的事情終於發生了。

秦始皇36年（公元前210年），在宮中觀望星象的人向秦始皇報告，說天象異常，代表君王身上將有不吉利的事情發生。

秦始皇聽後悶悶不樂，下令把異象解除。

接着，東郡郡守又來報告，說有一顆星墜落到地上後成了石頭，石上刻着七個字：「始皇帝死而分地」。秦始皇派已官復原職的趙高去查訪誰人刻寫石頭，卻沒有人招認。秦始皇即下令把在那塊石頭旁邊居住的人全部殺掉。

這一年，秦始皇派去巡視天下的使者，晚上回咸陽途中，遇到一個手拿玉璧的人說：「替我把這個玉璧獻給水神，明年祖龍會死。」那人放下玉璧後就不見了。

這一連串的不祥之兆，使秦始皇心情非常惡劣，不久便病倒了。侍醫給他醫治後也不見好轉。後來，秦始皇又命太卜來卜卦，太卜用龜甲來

知識門

太卜：
官名。主要負責占卜吉凶。

97

占卜之後，大驚失色，只說了句「**君遊民徙才能避凶趨吉**①」，便溜走了。

為了化解災難，秦始皇下令將三萬戶百姓搬遷到北河、榆中兩個地方，並下令羣臣做好準備，他要再次出遊。

秦始皇37年（公元前209年），秦始皇眼見社會危機日益嚴重，便不顧自己有病，決定帶着李斯、蒙毅、趙高等，再次出巡。趙高對這次出遊異常熱情，還極力勸說胡亥也跟隨秦始皇一起前去。他對胡亥說：「你想保住現有的地位，最保險的辦法就是跟在陛下身邊。萬一陛下**駕崩**②，你就可以繼承王位。」最後，秦始皇亦答應讓胡亥一起出遊。

這一天，秦始皇率領浩浩蕩蕩的車隊，出武關，經丹水、漢水，到了雲夢。秦始皇在這裏向着九嶷山對**虞舜**行了**望祀**③的祭禮。接着沿長江浮遊而下，過丹陽，到錢塘，登上會稽山禮祭**大禹**，望祀南海，還立石刻

知識門

虞舜：
傳說中的上古帝王。

大禹：
傳說中的古代部落聯盟首領，曾治平洪水。

---

① **君遊民徙才能避凶趨吉**：意思是皇帝出遊，百姓搬遷，才能逃過災難，得到安寧。

② **駕崩**：帝王逝世。

③ **望祀**：遙望而祝祭的意思。

辭,強調禮教,以便改變當地極為落後的習俗。

　　秦始皇從會稽山下來,然後向瑯琊進發。到了瑯琊,有人報告秦始皇,説徐福回來了,但找不到仙藥。其實,徐福當年在海外找到了一個地方,他領着三千童男、童女和百工能人,在那裏繁衍生息,過着逍遙自在的日子。沒料到,卻受到當地**土著人**①的侵擾,所以,他想回來帶一些能征善戰的壯丁去加強防衛。

　　秦始皇提審徐福,徐福騙秦始皇説他在海中遇上大鮫魚的襲擊,因此希望王上能賜他弓箭手,再去尋找仙藥。秦始皇對徐福起了疑心,便把他關押起來。趙高怕徐福把他們合夥哄騙秦始皇的事供出來,便向秦始皇進言:「陛下,殺了他就會絕了尋仙找藥的路,我想還是讓他繼續尋來不死藥吧!」秦始皇只好再次相信他,撥了一千武士給徐福。

　　不久,秦始皇的車隊到了平原津。秦始皇因為一路上受盡風吹日曬、勞碌顛簸之苦,終於支持不住病倒了。隨行的侍醫為秦始皇診治,發現他命不久矣。秦始皇聽了診斷結果,十分憤怒,便下令把侍醫殺掉。

　　趙高知道秦始皇快要死了,便開始謀劃。他騙秦始

---

① **土著人**:世代居住本地的人。

皇説：「陛下，只要派最信任的人到關中祈福，陛下的病才能好轉。」

秦始皇正受到疾病的折磨，聽了趙高的話，便叫蒙毅去關中代他向山川之神祈福。

蒙毅心中很不安，萬一秦始皇駕崩怎麼辦呢？於是他秘密晉見秦始皇。秦始皇以微弱的聲音説：「愛卿，你就放心去吧，真人要是有不測，也只會傳位給扶蘇。」

蒙毅一走，秦始皇就病得更厲害了。他知道自己剩下的日子不多，便決定遺詔給扶蘇，下令他繼承王位。

秦始皇叫侍臣傳趙高，把他保管的皇帝玉璽帶來。趙高走到秦始皇的金根車內，見只有秦始皇一個人靜靜地躺在牀上，便向秦始皇下跪説：「陛下，小人趙高來了。」

秦始皇微微睜開眼睛，看了看趙高，示意他把案上的白絹鋪在面前，以微弱的聲音説：「蓋上玉璽。」

趙高看了看白絹，説：「陛下，上面什麼都沒寫呀！」

秦始皇很不高興地盯着趙高。

趙高立刻恭敬地拿出玉璽，蓋了璽印。

秦始皇的聲音微弱，但神智還是清醒，説：

「你……在上面……寫上『**以兵屬蒙恬，與喪會咸陽。**①』」秦始皇看着趙高寫好後，又吩咐：「去……把李斯……叫來。」

趙高把詔書翻來覆去地看了幾遍，輕佻地説：「陛下是想將詔書交給李斯，然後由李斯交給扶蘇，對嗎？陛下對我不放心嗎？」

這時候，秦始皇氣得全身發抖，吃力地説：「你……你……想……幹什麼？」

趙高見秦始皇快要不行了，一股勁地向秦始皇發洩：「我知道你為扶蘇安排好一切了，過去，你讓我壞事做盡，等扶蘇當了皇帝，就拿我來開刀。我服侍了你這麼多年，難道換來的就是這麼一個下場嗎？」

趙高見秦始皇臉色都青了，奸笑着説：「陛下，你安心去吧，我會把這個詔書交給胡亥，他不是你喜歡的兒子嗎？」

秦始皇掙扎着用最後一點力氣，指着趙高罵道：「佞臣……小人……朕真後悔……當初……沒……殺掉你！」秦始皇就在趙高得意的笑聲中，不甘心地永遠閉

---

① **以兵屬蒙恬，與喪會咸陽**：屬，「託付」、「歸屬」的意思。整句的意思是把秦軍交給蒙恬統率，服喪期間在咸陽會集。

上了眼睛。

　　這時正是秦始皇37年（公元前209年）7月，秦始皇的車隊正在沙丘平台行進中。叱咤風雲的一代大帝，就這樣在奸佞小人的嘲諷中與世長辭。

　　趙高拿着詔書找到胡亥，逼他同意當皇帝。胡亥雖然很想當秦王，但心中不免害怕，他說：「廢除兄長來立小弟，是不義；不遵奉父親的詔令，是不孝；自己沒有才能，而依靠他人的力量得到成功，是不能。」但他最後也敵不過趙高的威逼利誘，只好就範。接着，趙高找到丞相李斯，李斯也被迫屈服了。於是兩人假傳秦始皇的命令，立幼子胡亥為太子。

　　趙高派出使者，向扶蘇和蒙恬宣讀經過李斯、趙高篡改的詔書。扶蘇以為父王真的要他死，只好含恨拔出寶劍自殺。

　　至於統率三十萬大軍的蒙恬，也被他們安上莫須有的罪名，被關押在陽周的監獄中。

　　趙高、李斯又假傳詔書，將蒙毅關押在代地，然後才宣布秦始皇駕崩，立秦始皇的第十八子胡亥為皇帝，稱為秦二世。

　　不久，秦二世胡亥為秦始皇舉行了盛大的葬禮，將他葬在驪山陵中。

秦二世元年（公元前208年），趙高驅使秦二世派使者殺了蒙毅，而蒙恬則吞下毒藥死在陽周監獄。

這一年7月，陳勝、吳廣在大澤鄉起義。

9月，劉邦、項羽也分別起兵反對殘暴荒淫的秦二世。

秦二世2年（公元前207年）7月，趙高陷害李斯，李斯在咸陽被腰斬。而趙高當了中丞相，總攬朝中大權。

秦二世3年（公元前206年），趙高為了剷除異己，故意牽來一隻鹿，問胡亥這是什麼？胡亥説是「鹿」，但趙高卻説這是「馬」。後來，朝中大臣們有説「鹿」的都被殺了。同年8月，趙高殺了胡亥，想自己當皇帝，但得不到臣子的響應，於是只好立秦始皇的孫兒子嬰為皇。

子嬰不想受趙高的控制，便與宦官合謀，假説有病，誘殺了趙高，把他的三族滅掉。

10月，劉邦率領的軍隊打到霸上，子嬰在位四十六天後投降。

秦王室亦至此宣告滅亡。

想一想

1. 你如何評價秦始皇的？

2. 你認為秦國最終招致滅亡的原因是什麼？

大事年表

公元	年齡	事件
秦昭襄王48年 （公元前259年）		嬴政在趙國出世。
秦昭襄王55年 （公元前252年）	7歲	嬴政與母親、弟弟成蛟從趙國返秦國。
秦莊襄王3年 （公元前246年）	13歲	嬴政即位，是為秦王。
秦王政9年 （公元前237年）	22歲	秦王政加冕親政，一舉粉碎嫪毐等叛黨。
秦王政10年 （公元前236年）	23歲	撤銷「逐客令」。
秦王政14年 （公元前232年）	27歲	韓非入秦，最後被迫自殺。
秦王政17年 （公元前229年）	30歲	滅掉韓國。
秦王政18年 （公元前228年）	31歲	以反間計滅趙。發生荊軻刺秦王事件。
秦王政20年 （公元前226年）	33歲	秦出兵攻打燕國，燕王逃至遼東。
秦王政22年 （公元前224年）	35歲	以洪水圍困，逼魏投降。
秦王政24年 （公元前222年）	37歲	秦將王翦出兵滅掉楚國。

公元	年齡	事件
秦始皇26年 （公元220年）	39歲	滅掉齊國。秦王政自稱始皇帝，向天下頒布新制。
秦始皇28年 （公元218年）	41歲	秦始皇第二次出巡，並進行泰山封禪。
秦始皇32年 （公元214年）	45歲	第四次出巡。同年，出兵討伐匈奴。
秦始皇34年 （公元212年）	47歲	下令焚書。
秦始皇35年 （公元211年）	48歲	坑儒四百六十多人。
秦始皇37年 （公元209年）	50歲	第五次出巡，中途駕崩。
秦二世元年 （公元前208年）		李斯、趙高篡改詔書讓胡亥登位。
秦二世3年 （公元前206年）		趙高殺胡亥，立子嬰為帝。同年，子嬰誘殺趙高。劉邦打到霸上，秦朝滅亡。

認識萬里長城

　　萬里長城被稱為中古世界七大奇跡之一，這項宏偉的建築工程，已經成為中華文化中的一項象徵。你對萬里長城又有多少認識呢？

長城有什麼作用？

　　長城是一項軍事建築，歷代都是抵禦北方外敵入侵中原的重要防線，秦始皇修築長城主要是用來防範匈奴。孫中山先生曾如此評價長城：如果沒有長城的捍衛，中國早就在楚漢時代被外族北狄消滅了。可見長城對古代中國國防的重要性。

長城是秦始皇時才開始建造的嗎？

　　其實在春秋戰國時期，各諸侯國為防禦需要，都曾在邊境建造長城，只是比較短小。秦始皇統一六國後，把原來的秦、燕、趙的長城連接起來並加以修築，西起臨洮，東到遼東，成為一項規模浩大的工程。

現在所見的長城就是秦代時所建的樣子嗎？

　　自秦代以後，歷朝歷代都有繼續修築長城，令它的長度越來越長，規模越來越宏大，所以現時的長城可不

是單一個年代的建築，例如現時很受遊客歡迎的北京八達嶺長城就是明代時所修築的。

長城是用什麼材料建造的？

長城的建築材料有很多。長城橫跨地域廣闊，所用的材料會因地方而不同。泥土、山石、木料、磚瓦、石灰等都是比較常見的材料，在一些沙漠地方，則用上蘆葦、紅柳等植物，再層層鋪上沙土去修築。還有一種想像不到的材料：糯米。明代築長城時廣泛使用糯米汁混合石灰砂漿來作砌磚時的黏合物，令城牆更加堅固。

萬里長城真的有萬里長嗎？

根據2012年國家文物局公布的調查數據，中國歷代長城總長度為21196.18公里，真不愧為「萬里長城」啊！

有人説從月球上可以見到萬里長城，是真的嗎？

其實這是誤傳，月球離地球非常遠，長城雖然長，但是不寬，從月球上看地球的長城，情況就好像要從很遠很遠的地方看一根頭髮一般，以人眼的視力是看不到的。

創意寫作

　　秦始皇實行過許多政策，當中有好的也有不好的。假設你是秦始皇的臣子，試針對其中一項你認為不好的政策，上書給秦始皇，説服他不要實行那項政策。

_____

_____

_____

_____

_____

_____

_____

_____

_____

_____

_____